JN094438

親の
見守り・介護を
ラクにする

道具・アイデア・考えること

工藤広伸

はじめに

道具がどれだけ自分の介護を救ってくれたかを伝えたい

離れて暮らす親が老いて小さくなっていく姿を見ると、子は寂しさや不安を感じるようになります。始めは親の健康状態を心配し、次第に普段の生活まで気になり始めます。例えば膝や腰に痛みを抱えながらスーパーまで買い物に行けるのか、食事の準備はきちんとできているのか、特殊詐欺や訪問販売に引っかかっていないか、火の扱いは大丈夫かなど親を見守る範囲は広がっていきます。本当は定期的に親の様子を確認しに行きたいのですが、忙しくて時間が取れずについ先延ばしになってしまいます。代わりに電話をして、親が元気かどうかを確認しても、子に心配をかけまいと何も訴えずに生活を続けている親もいます。

親の介護が始まったあとは、介護のプロの力を借りれば大丈夫と思うかもしれませんが、ヘルパーなどの介護保険サービスだけでは、介護の日常に潜む多くの困り事までは解決できません。さらに親のもの忘れが進むと出来ないことが増えていくので、家での生活が難しくなっていきます。子は親の元へ何度も通って介護をしますが、24時間365日すべてはカバーできませんし、人の力だけに頼っているとやがて疲弊し、限界がやってきます。

こうした悩みを解決するためのアイデアの一部を、前作『親が認知症!?離れて暮らす親の介護・見守り・お金のこと』(翔泳社)でご紹介しました。刊行後はコロナ禍で親になかなか会えない状況も相まって、介護で使っている道具を教えて欲しいという取材がたくさんあり、NHKあさイチなど多くのメディアに取り上げられました。道具のおかげで親への不安が解消されて、介護がラクになったという声が多く寄せられ、反響の大きさに驚きました。

わたしは東京から500キロ離れた岩手県の実家に住む認知症の母を、2012年から通いで在宅介護を続けています。介護のプロの力を最大限活用しつつ、それだけでは解決できない、介護の多くの壁にぶつかってきました。その経験を自分の書籍、介護ブログ『40歳からの遠距離介護』、音声配信Voicy、講演会等で10年発信を続けていて、全国の介護家族から多くの悩みや相談が寄せられ、同じ介護者の立場で問題を解決してきました。

本書では専門家があまり扱わない、でも介護の日常でよくある困り事を道具の力を使って解決していきます。そして一番の狙いは、親の自立です。たとえ介護が始まったとしても、親が自分でやれることは、自分でやるための工夫をまとめました。もし実現できたなら、子が親を見守る時間も介護する時間も減らせます。また親は自分でやれる喜びを感じ、自信や意欲が湧いてきて、元気でいられる期間が長くなるかもしれません。親の自立に期待して見守るより、子が介助するほうがラクな場合もありますが、どんなに不自由でも親は自分の力でやりたい気持ちが強いので、その望みを叶えてあげるのも介護のひとつの形ではないでしょうか？　これから介護が始まる方も、現在介護中の方も、本書を活用しながら高齢の親の不自由さを知り、道具を使って親の自立を支えていきましょう。

皆さんにとって本書が、転ばぬ先の杖になることを願っています。

2022年12月

工藤広伸

本書の使い方

- 本書は「**道具を通じて**」親の自立を引き出しながら元気で長生きしてもらい、介護する子がストレスなく過ごすための工夫を紹介する**実践本**です。
- 1・2章では主に「介護前に役立つ情報」、3・4章では「介護が始まってから役立つ情報」を載せています。

1章 親に元気でいてもらうために やること・考えること

- 今は元気だけど将来が不安だ
- そろそろ見守りが必要かも
- 介護で親の家に通えるか心配だ

2章 親の変化を感じたらすぐに準備すること【介護前～介護初期】

- 親が日常で感じている不自由さを知りたい
- 元気で自立できる期間を少しでも延ばしたい
- 火事や犯罪に巻き込まれないか心配だ

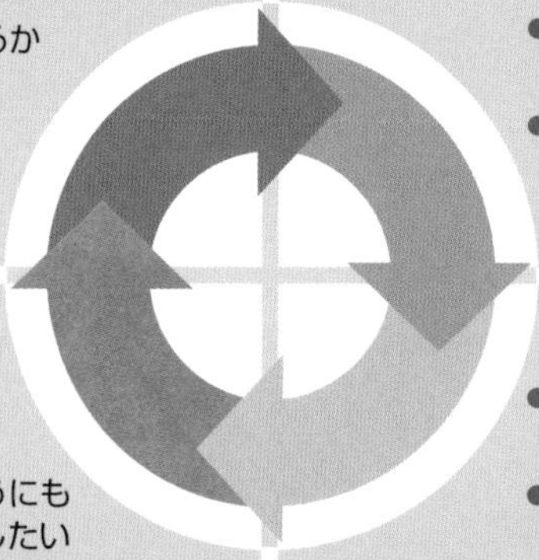

3章 介護保険で使える道具を見つけよう！【介護初期～後期】

- 手すりや介護ベッドの購入を考えている
- 家のリフォームを検討している
- 介護保険を使って介護費用を節約したい

4章 介護保険に限定せず介護がラクになる道具を見つけよう！

- 不自由になった親を支えたい
- 介護保険だけではどうにもならない問題を解決したい
- 認知症になっても自宅で生活してもらいたい

●フキダシ内の【認知症】
認知症に特化した項目です

56 介護中の賢いテレビの使い方

テレビの視聴【認知症】

テレビ番組を見ながら昔を思い出す

項目⑪で70歳以上の平日のテレビ視聴時間は1日5時間以上という調査結果がありましたが、足腰が弱ったり、認知症が進行したりしないかと心配になるご家族もいると思います。さらに介護度が上がると外出の機会が少なくなり、**テレビへの依存度は高くなるので、ボーっとではなく効果的に視聴してもらう方法を考えてみましょう。**例えば認知症の人は直近のことは忘れてしまいますが、昔のことは比較的覚えています。そのためテレビに映った懐かしの俳優、歌手や音楽、黒電話などの道具を見ると自然と言葉が出てきます。また家族などと一緒に映像を見ながら、昔の話をすることで脳が活性化されるので、認知症の進行予防が期待できる回想法のような効果が得られるかもしれません。興味のあるテレビ番組であれば集中して見てもらえるので、ふいに外へ出ていってしまう心配もありませんし、その時間を介護者の息抜きの時間にも充てられます。

好きなテレビ番組に興味を示さない理由

認知症の人にテレビを楽しんでもらうために、見やすくて、分かりやすい番組の例を左表にまとめました。認知症の進行によって好きだった番組に興味を示さなくなる方がいますが、**ひょっとすると認知症の進行に合わせた番組を選べていないのかもしれません。**例えば連続物のドラマは、前回までのあらすじを覚えていないから面白くないと思っているかもしれませんし、スポーツ中継はルールを忘れてしまって楽しめないから興味を失っているかもしれません。懐かしく楽しめる番組をハードディスク等に録画するなどして、テレビを有効活用しましょう。

130

テレビを見ながらの回想法のイメージ

釣りが大好きで、大きな魚をつったもんだよ
息子が赤ん坊の頃の育児は大変だったわ〜
昔はそろばんを使って計算したもんだよ
わたし、この俳優さんのファンだったのよ

回想法は、認知症の人が昔の思い出を語ることで、脳が活性化し、進行を予防できる可能性があるといわれています。

認知症の人が楽しめるテレビ番組の例

番組例	特徴
相撲中継	・ルールが分かりやすい ・勝負がすぐ決まる
懐かしのメロディ 昔のドラマや映画	・若い頃好きだった歌手や俳優を思い出すきっかけになる
ドリフ大爆笑 など （再放送）	・分かりやすいお笑いで楽しめる
徹子の部屋 など	・若い頃に活躍していた俳優が、ゲスト出演する
連続ではなく、 単話で完結するドラマや時代劇	・前回までのあらすじを覚えておく必要がない
赤ちゃんや子ども、 動物がメインの番組	・短い映像でもかわいらしい、愛おしいと分かる
料理、園芸、 登山の番組など	・若い頃の趣味を思い出すきっかけになる
回想法ライブラリー （NHKアーカイブス）	・昔の暮らし、ニュース、番組、道具などの映像をネット上やVRで楽しめる　オススメ

131

●「オススメ」アイコン

選択肢の中で著者が特にオススメするものです

●太字
著者が重要と思っている部分です

1章 親に元気でいてもらうためにやること・考えること

2章 親の変化を感じたらすぐに準備すること【介護前〜初期】

3章

介護保険で使える道具を見つけよう【介護初期〜後期】

4章 介護保険に限定せず介護がラクになる道具を見つけよう！

1章

親に元気でいてもらうためにやること・考えること

親の自立

1 道具を使うと介護がラクになる！

親の介護で自分の人生をあきらめたくない

親は子に迷惑をかけることなく、自宅で穏やかに最期まで暮らしたいと考えますし、子は親を心配しつつも、自分や自分の家族の人生を犠牲にしてまで介護したいとは思いません。**親子両方の願いを叶えるために必要になるのは親の自立です。**親だって、できれば介護のために他人を自分の家に入れたくないはずですし、自分でやれるうちは自分の力で生活していきたいと考えます。子も、親が自立した生活を送ってくれれば、年数回の帰省で元気な姿を見られるだけで十分と考えます。

しかし親が老いてくると、身体機能や認知機能が低下して、うまくお風呂に入れない、遠くまでの外出が困難になるなど、次第に介護のプロや家族の力を頼らなくてはいけない状況になっていきます。

道具が親の自立を引き出す

老いた親が心配になった子は、親への連絡を何度もするようになり、次第に訪問回数も増えていきます。しかし親本人は、自分はまだ元気だし、子の世話にはならない、ましてや介護のプロの力なんていらないと考えるでしょう。そんな親の願いを叶えるのが道具です。例えば杖があったら、他人の介助を必要とせず、自分の力で行きたい場所へ行けます。手すりがあったら、トイレに行きたくなったときに自分の力で立ち上がり、自分の好きなタイミングで移動できます。子だって歩行の介助をするよりも、杖を使って自分の力で歩いてくれたほうがラクです。何より親自身が、自らの力で歩きたいという思いが強いのです。**道具が親の自立を引き出し、親の元気や長生きも引き出します。**

介護が始まる前の親子のホンネ

子が面倒を
見てくれるはず

他人を家に
入れたくない

親

自分でできることは
自分でやりたい

元気で長生きして
もらいたい

子

子に頼らず
生きて欲しい

あまり介護に時間を
割きたくない

親の自立を支えるもの・奪うもの

Check !

親の自立を支える5項目

① 程よい介護
② 見守り
③ 道具
④ 親に関心を寄せる
⑤ 知識

Check !

親の自立を奪う5項目

① 過剰な介護
② 過剰なリフォーム
③ 介護者が役割を代行
④ 無関心
⑤ 情報不足

親の見守り①

2 どこまで地域や行政に頼れるか調べよう

地域の見守りネットワークを確認しよう

親が自立した生活を送っていくために、必要になるのが見守りです。高齢の親の健康状態に不安を感じるようになると、親の家を訪問したり、電話をしたりして見守りを始めます。親が元気なうちは家族だけで対応できますが、弱ってくると家族の力だけではどうにもならない時期がやってきます。

少子高齢化や要介護者の急増によって、全国一律から地域の実態に合った医療・介護サービスへの切り替えが進められています。その実現のためには、互助（地域住民同士で支え合うこと）が必要になりますが、自治会や町内会への加入率は低下し、特に都市部では地域とのつながりも希薄化しています。

左表は、自治体等が公表している見守りネットワークの例です。**地域住民をはじめ、町内会や民生委員、新聞配達や牛乳配達といった地元の事業者など、頼りになる多くの見守りがあるように見えます。**

緊急時に頼れる人が親の近くにいるか

わたしは母の介護が始まって、自治体の見守りネットワークの図を見たとき、手が止まりました。まず連絡先が分かりませんし、相手の顔も浮かびません。どれだけ信頼できて、**緊急時には早朝や夜中でも電話していいのか**分からなかったのです。

親の見守りを始める前に、左表を使って改めて現実的な見守りについて考えてみましょう。親の身に何かあったときにためらわずに連絡できる人、いつでも対応してくれる人でないと意味がありません。わが家でも頼りになる人を考えてみたのですが、家族以外はいませんでした。その結果、自分で**道具を使った見守りを強化していきました。**

「現実的な」見守りチェックリスト

□	地域	地域住民	古くからご近所づきあいがあり、親に何かあったときに連絡できるか?
□		民生委員	親の家に、よく訪問しているか?　町内の連絡など案内ついでに見守りしてもらえるか?
□		町内会、自治会	町内会や自治会独自で見守りを実施しているか?
□		マンション管理組合	入口がオートロックの場合、見守りの目が届きにくい。高齢者の安否確認、親族の緊急連絡網の整備、合鍵の預かりを行っているか?
□	事業者	新聞配達	親の家への訪問頻度が多く、郵便物や新聞がたまっている、牛乳が減らないなどの異変に気づきやすい。自治体と事業者が見守り協定を結んでいるか?
□		郵便局	
□		牛乳配達	
□		宅配業者	
□	よく利用する場所	スーパー、商店街、コンビニ	認知症によるひとり歩き(徘徊)や、同じものを何度も買う、お金の支払いができないなどの問題が発生したとき、自治体と連携が取れているか?
□		銀行、信用金庫	
□		鉄道、バス、タクシー	

チェックマークがついても、いざというときに見守りが機能するとは限りません。

何か問題が発生したら……

緊急時 ➡ 発見者が警察署・消防署へ連絡
例)消費者被害にあっている、不審者の出入りがあるなど

緊急時以外 ➡ 発見者が地域包括支援センター・役所へ連絡
例)洗濯物が干しっぱなし、しばらく電気がつかないなど

親の見守り②

3 より確実な有料見守りサービスを利用する

協力者による善意の見守りには気遣いが必要

親の見守りに協力的な親族や地域住民がいると子は安心ですが、協力者に対して感謝の気持ちを伝えたり、時にはお土産を持参したりするなどの気遣いが必要になります。親の見守りがそれほどいらないうちはいいのですが、次第に体が不自由になり、親の様子を何度も見に行ってもらうようになると、いくら善意のある相手であってもお願いしづらくなりますし、深夜に親の様子を見に行って欲しいとは言いづらいものです。親の見守りだけでも大変なのに、**協力者にまで気を遣いすぎてしまい、精神的に疲れてしまう人もいます。**

確実に頼れる有料の見守りサービス

例えば、警備会社等が提供する民間の見守りサービスや、公的な介護保険サービスなどは有料ですが、決まった日時に確実に見守りをしてもらえます。介護保険サービスは厳密には見守りではありませんが、ヘルパーやデイサービスなど、介護の支援を受けること自体が見守りにつながります。いずれもお金を払って仕事としてお願いしている以上、協力者に対して行うのと同様な気遣いは不要ですし、断られるかもしれない不安もありません。

わが家では結局、見守りネットワークや地域の力をほとんど借りずに、介護保険サービスと見守りカメラを中心とした道具を使って、独自の見守りネットワークを構築していきました。理想をいえば、地域住民同士の支え合いによる高齢者の見守りができる社会が構築されるといいのですが、**すべての地域で見守りネットワークが「確実に」機能しているわけではないので、自分で見守り態勢を作りましょう。**

親を「確実に」見守れる態勢づくり

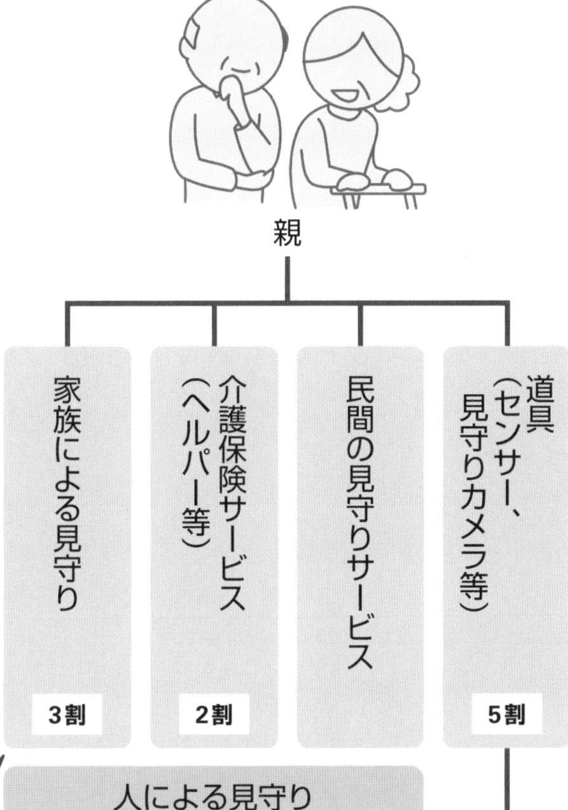

わが家の見守り時間の割合を数値化したものです。

道具を使った見守り 5つのメリット

① 協力者への気遣いがいらない
② 24時間好きなタイミングで見守れる
③ 家族にしか分からない親の変化に気づきやすい
④ 緊急時に声かけできる道具もある
⑤ 親のプライバシーを配慮できる道具もある

4 介護のプロに頼れる時間は、一週間のうち15%

介護保険サービスを導入しても道具は必要

いよいよ親の介護が必要になり、介護保険の申請から要介護認定（項目㉞参照）を経て、ヘルパーなどの介護保険サービスを使う時期がやってきたとします。介護のプロが親の家に来るのだから、見守りから解放されると思うかもしれません。しかし実際は、介護保険サービスの利用が始まっても、家族による見守りは必要です。

左図は介護保険サービスを本格的に利用する前の見守りと、現在のわが家の見守りを比較したものです。最初はわたししかわたしの妹が、毎週末に母の様子を見に行く程度の見守りでした。認知症と分かったあとは週2回ヘルパーさんにゴミ出しなどを依頼しましたが、1回あたり30分程度の滞在だったので、他の時間の見守りはカバーできていませんでした。

その後10年以上経って、母の介護度が上がり、医療・介護職の方が毎日家に来るようになって、人の目による見守りの時間が増えて安心できるようになりましたが、それでも1週間168時間のうち、**医療・介護職の滞在時間は合計で25時間。わずか14・9%しか、カバーできていなかったのです。**

人の目が届かない時間は道具で見守る

残りの85%の時間は、見守りカメラを設置して母の見守りを行っていて、遠く離れていても常に母の状態が分かるようになりました。親が元気なうちは民間の見守りサービスや介護保険サービスの利用が少ないので、**人の目による親の見守り時間はさらに減少し、カバーできない時間のほうが圧倒的に多くなります。**道具を賢く使って親を見守り、安心・安全を確保しましょう。

介護が始まる前の見守りの状況（母68歳・要支援1）

月　火　水　木　金　土　日

0:00

親が元気なうちは、週末だけの見守りで十分でした。

自分（5h）

きょうだい（3h）

12:00

要支援1でしたが、介護保険サービスは利用していませんでした。

1週間＝168時間

0:00

介護保険サービスと見守りの状況（母79歳・要介護3）

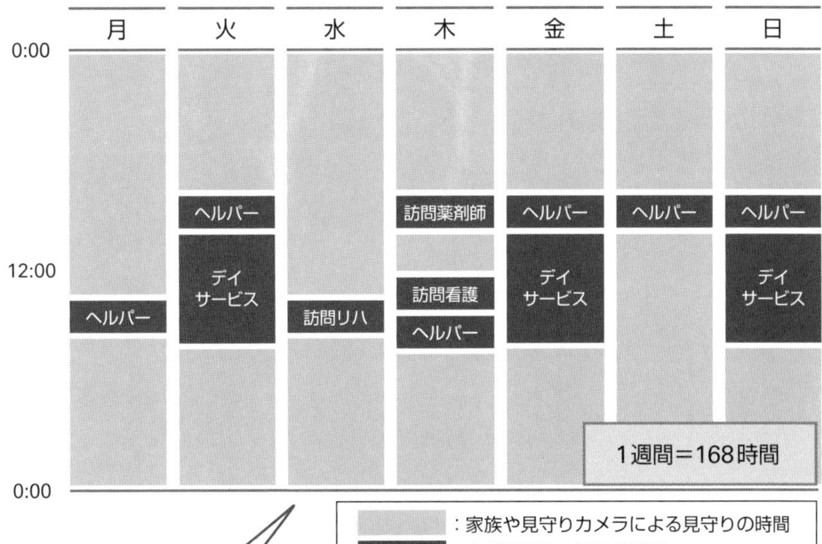

1週間は168時間もあるので、介護職の訪問が毎日あったとしても、それ以外の時間をどう見守るかまで、家族は考えておく必要があります。

5 介護で使える道具の種類とは？

本書に登場する道具は2種類ある

本書に登場する道具は、大きく2種類に分かれます。1つは、**介護保険を使って貸与（レンタル）や購入ができる福祉用具**です。介護保険の申請方法や福祉用具のレンタル・購入については、第3章で解説します。もう1つは、全額自己負担で購入する道具です。介護保険を使わずに、ホームセンターやネットショップなどで販売されている杖や介護ベッドなどや、**介護用に開発されてはいないものの、親の自立を支え介護をラクにしてくれる家電や道具をご紹介します。**介護保険を使って購入するよりもお金はかかりますが、手続きが不要で即購入できるメリットもあります。

残念ながら、福祉用具だけで介護のすべてをカバーできるわけではありませんし、市販されている介護に便利な道具が、介護保険の対象になっているわけでもありません。介護保険を使えるところは使って費用を節約しつつ、たとえ介護保険が使えずに全額自己負担の道具であっても、介護にかかる費用や時間の節約につながる道具はたくさんあるので、積極的に活用しましょう。

家電の扱いに不自由さを感じる高齢者

日常生活で1日に何度も利用する冷蔵庫や洗濯機、テレビやエアコンなどの家電も道具のひとつです。親が高齢になって、家電のどんなところに不自由さを感じるのか、介護が始まったあと家でどんな問題に遭遇するのかについても、本書でご紹介していきます。介護が始まったら介護のプロにお願いすればいいと思っていても、**家電の悩みまでは解決してもらえないので、家族による工夫が必要になります。**

本書に登場する道具一覧

福祉用具レンタル（介護保険）

- 手すり
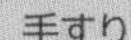
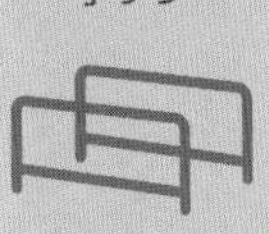
- 歩行補助杖
- 歩行器

- 車椅子（付属品含む）
- 特殊寝台（付属品含む）

- スロープ

- 体位変換器
- 床ずれ予防用具
- 認知症老人徘徊感知機器
- 移動用リフト（つり具の部分を除く）
- 自動排泄処理装置

本書では利用の多い福祉用具のみをご紹介しています。

（濃い色）	：本書で解説する道具
（薄い色）	：本書では解説しない道具

福祉用具購入（介護保険）

- 腰掛便座

- 入浴補助用具

- 移動用リフトのつり具の部分

- 特殊尿器

- 簡易浴槽

介護に便利な道具（介護保険外）

- 見守りカメラ

- スマートスピーカー

- スマートリモコン
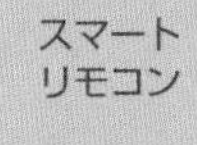

- 時計
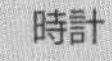

- エアコン
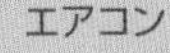

- 電話

- リモコン

- カレンダー

- 洗濯機

- ドライブレコーダー

介護家族の未来

6 将来の介護職員不足に向けて今考えること

住んでいる地域によって介護サービスは変わる

新型コロナウイルスの感染拡大によって、介護保険サービスが突然停止し、家族は自分たちだけで介護する必要性に迫られました。わが家でも介護スタッフの1人がコロナ陽性者になり、サービスがすべて停止したときは、認知症の母を家族だけで支えるしかありませんでした。これは一時的な話ではなく、今後も続く可能性があります。というのも、今の介護保険制度のレベルを将来も維持できるかどうか分からないからです。例えば、2018年に国が管理する介護保険制度から一部の被介護者が外され、市区町村主体で運営する総合事業へ移行したのですが、今後はさらに対象となる被介護者が増えるといわれています。総合事業は市区町村の実情に合わせられるとはいえ、住んでいる地域によって受けられるサービスに差がありますし、地域ボランティアがどれくらい総合事業の役割を担えるのかも疑問です。国は増え続ける社会保障費を抑制するために、サービスの量や質を落とし、利用者の負担割合を増やしながら制度を維持しようとしていますし、介護職員不足が深刻になる予測も出ています。**介護のプロに頼りたくても頼れない状況になるかもしれません。**

家族にも求められる介護の工夫

介護家族はこうした国の動きを理解しながら、今の介護保険制度を賢く使って、自分の身を守る必要があります。頼りたい介護のプロが見つけられず、介護費用の負担が増える未来に柔軟に対応するためには、**介護保険制度の中だけで親の介護を考えるのではなく、介護者の知恵や道具を活用した総力戦で、親の介護に賢く挑むべきです。**

介護保険制度の将来に対する自治体の認識

Q 介護保険制度が今後10年、現行のままで維持できるか

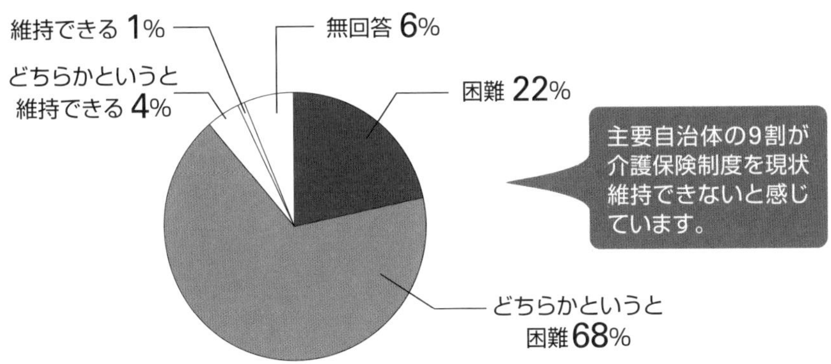

※ 2020年1～2月、都道府県庁所在市、政令市、中核市、東京特別区の106自治体を対象に実施。回答は102自治体
（小数点以下、四捨五入のため合計が100にならない）

参考：「介護保険維持困難9割」（読売新聞 2020年3月23日 一部抜粋）

介護に自助を求める流れになっている

都市部の互助は弱いですが、民間サービスの選択肢は多いです。
都市部以外は互助の役割が大きいです。

自助（家族で介護）	互助（みんなで支え合う）
・人に頼らず自分で介護する ・民間の見守りサービス ・見守りカメラ ・福祉用具（自己購入）	・総合事業（市区町村） ・ボランティア活動 ・地域住民の活動（町内会など）
共助（介護保険や医療保険）	**公助（行政による支援）**
・介護保険サービス ・福祉用具（レンタル、購入）	・生活保護 ・人権擁護、虐待対策

少子高齢化、社会保障費の抑制で、共助から互助へのシフトが進んでいます。

介護に役立つ道具

7 目覚ましい道具の進化が介護を救う

進化する道具があれば介護をラクにできる

現在受けられる介護保険サービスは、制度維持のために将来縮小されると見込まれていますが、その不安を解消してくれる道具やサービスが次々と登場しています。わたしは２０１2年から認知症の祖母と母の遠距離在宅介護を始めましたが、この10年で道具は驚くべき進化を遂げていて、介護と関係のない道具も積極的に介護に取り入れてきました。そのおかげで10年経った今でも、認知症の母は自宅で1人暮らしを続けられています。**介護保険サービスによる人の力にも頼っていますが、もし道具がなかったら自宅での生活は困難だったと思います。**

道具の力に頼って母の希望を叶える

左表はわが家の介護で使ってきた道具の年表で、

母と祖母と父の介護状況も併せて記載しました。

この年表から分かることは、介護が始まってすぐに道具を一式揃えたわけではなく、**介護の壁にぶつかって介護保険だけではどうにもならなくなったときや、母の認知症が進行して見守りや介護がさらに必要になったタイミングで新しい道具を追加しています。**その都度購入していったため、まとまった出費にはなっていません。もちろんヘルパーなど、介護のプロによるサポートの時間も増えていますが、それでも道具の活用は増えていきました。

特に認知症が進行すると、自宅での生活は厳しいと考えて介護施設に預けるしかないと家族は判断しがちです。道具の力でどうにか母をサポートできないか、母が望む自宅での生活を実現できないかと考え続けた結果、新しい道具の登場に助けられ、このような道具の年表が完成しました。

わが家で介護に取り入れた道具の年表

	介護の状況	介護に取り入れた道具	
		道具	福祉用具（介護保険）
2012	祖母（89歳・要介護3） →子宮頸がん、認知症 母（69歳・要支援1→要介護1） → CMT病、認知症		
2013	祖母（90歳）死去	・見守りカメラ導入（1台目） ・インターネット回線導入（モバイルWi-Fi） ・居間にエアコン設置	
2014		・新しいガスコンロに変更 ・デジタル電波時計購入 ・録画機能付きドアホン導入	
2017	母（74歳・要介護1→要介護2） 父（76歳・要介護5） → 悪性リンパ腫で緊急入院。退院後に在宅医療に切り替え、要介護5と認定される 父（76歳）死去		・介護ベッド、付属品レンタル（父） ・入浴補助用具購入（父）
2018		・インターネット回線増強（モバイル→光回線） ・固定電話の買い替え	
2019		・見守りカメラ導入（2台目） ・スマートスピーカー導入 ・スマートリモコン導入（1台目）	・歩行器レンタル
2020		・火災警報器交換	・手すりレンタル（1、2台目）
2021		・見守りカメラ導入（3、4台目） ・寝室にエアコン設置 ・アンペア変更、コンセント増設工事 ・スマートリモコン導入（2台目）	・ポータブルトイレ購入
2022	母79歳（要介護2→要介護3）	・居間のエアコンを買い替え	・手すりレンタル（3、4台目）

遠距離介護の見守りと火災対策を最優先に考え、見守りカメラの導入とガスコンロの変更から始めました。

母の認知症が進行して頼る道具が増えたので、インターネット回線を増強しました。

熱中症対策のため、エアコンを増設しました。

介護にかかるお金

8 道具を使って介護の頻度も交通費も節約する

親の家に通う頻度と交通費の平均額

親の様子が心配になり、実家へ頻繁に足を運ぶようになると、車のガソリン代や新幹線、飛行機などの交通費が多くかかってしまいます。特に移動距離が長くなると、負担する金額も大きくなります。ある調査結果を用いて、遠距離介護にかかる交通費をシミュレーションしてみたところ、**1回にかかる交通費（往復）の平均は、約16000円でした。また86・3％の方が、最低月1回は介護帰省していて、24・5％の方は月5回以上帰省しています。**

わたしも遠距離介護が始まった当初は、交通費だけで10万円を超えた月がありましたが、介護保険サービスの利用や新幹線の割引チケットの購入、見守りカメラを設置して帰省回数を減らした結果、月4万円以下まで抑えられました。見守りカメラの効果だけで、1往復分＝月3万円の節約になりました。

自分がいなくても介護が回る状態を目指す

交通費に加え、移動疲れや介護と仕事の両立の大変さなど、長期戦になるかもしれない介護の未来まで考えたとき、帰省頻度を減らしておいたほうが身体的にも経済的にもラクになります。そのためには介護のプロの力を借りるほかにも、できるだけ親が自立できる環境を整えたり、駆けつけなくても見守りや声かけができる道具を使ったりするなどの工夫が必要です。もし、介護する側が過労で先に倒れてしまったら、困るのは親のほうなのです。

同居で介護している人や近距離で通いの介護をしている人も、自分の仕事や家族の都合、あるいは病気などで介護できない場合に備えて、**自分自身が不在でも介護が回る態勢作りを目指しましょう。**

介護にかかる交通費のシミュレーション

Q 遠距離介護の際、帰省の頻度はどれくらい？

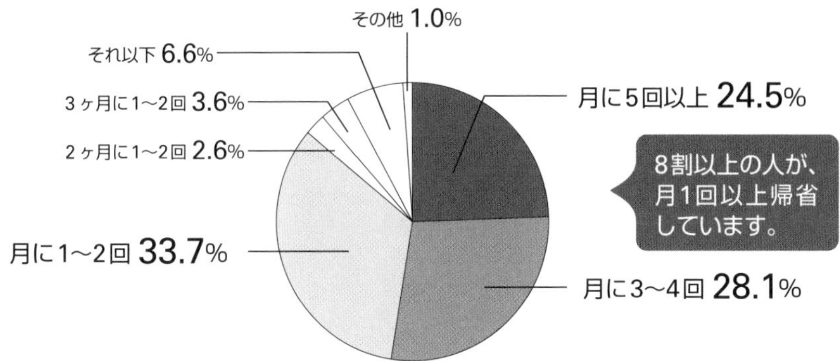

Q 遠距離介護の際、1回の帰省にかかる往復の交通費は？

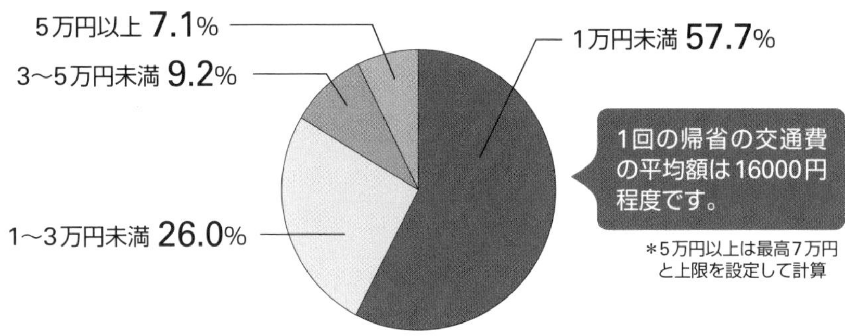

出典：三井住友銀行「マネービバ」遠距離介護になったら、どうする？

帰省頻度を減らす3つのメリット

① 介護と仕事、介護と家庭の両立がしやすくなる
② 介護保険サービスなど、他人の力を積極的に借りるようになる
③ 親の自立した環境が自然と整う

転倒のリスク

9 介護が始まるきっかけの4位は転倒・骨折

女性は男性の3倍骨粗しょう症患者がいる

介護が始まるきっかけの1位の認知症や2位の脳卒中、3位の高齢による衰弱とは違って、4位の転倒・骨折に関しては、住宅環境を整えることで回避できる部分もあります。消費者庁の調査によると、65歳以上の高齢者の48％は、自宅で転倒しています。擦り傷や打撲の次に骨折が多く、特に高齢者は背骨（脊椎）、太ももの付け根（大腿骨（だいたいこつ））、手首（橈骨（とうこつ））、腕の付け根（上腕骨）の順で骨折しやすいといわれています。女性は男性の3倍、骨粗しょう症患者がいるといわれていることからも、**女性のほうが骨折しやすく、特に入院期間が長期化する大腿骨の骨折には注意が必要です。**また背骨の骨折では、尻もち等からの圧迫骨折や、気づかないうちに骨が折れているケースもあります。骨折から介護にどうつながるかというと、ひとりで歩けていたのに**歩行介助が必要になったり、杖や車椅子など福祉用具が必要になったりする**可能性があります。最悪の場合、**寝たきりや死に至るケースもあります。**

祖母は大腿骨骨折で歩行を諦め車椅子に

祖母は89歳のとき、病院のベッドから転落し大腿骨を骨折しました。認知症のためリハビリの意味が分からず効果もなかったので歩行は諦め、泣く泣く車椅子にする辛い選択でした。その後ベッドに居る時間が次第に長くなり、寝たきりになって亡くなったのですが、転倒の怖さを知った出来事でした。

左表は運動機能と転倒予防のチェックリストで、親自身と親の家の状態の両方をチェックできます。特に家に関してはすぐに対策できるので、転倒の危険箇所を見つけて、しっかり対策しましょう。

基本チェックリスト（運動機能の抜粋）

項目	回答	
階段を手すりや壁をつたわらずに昇っていますか	0.はい	1.いいえ
椅子に座った状態から何もつかまらずに立ち上がっていますか	0.はい	1.いいえ
15分くらい続けて歩いていますか	0.はい	1.いいえ
この1年間に転んだことがありますか	1.はい	0.いいえ
転倒に対する不安は大きいですか	1.はい	0.いいえ

3点以上で運動機能の低下がみられ、転倒のリスクがあります。

出典：厚生労働省「介護予防マニュアル第4版」（令和4年）より著者作成

転倒予防のチェックポイントは「よい住宅」

よ	よけずに歩ける動線を確保
い	居間の整頓はしっかりと
じゅう	じゅうたんはしっかり固定
た	高い所に物を置かない
く	暗い場所にはあかりをつける

よく使用するものは無理のない姿勢で取れる場所に置きましょう。

出典：一般社団法人 日本転倒予防学会・安田彩

過剰なリフォーム

バリアフリーを先取りしすぎると筋力が低下する

奪いすぎることなく、困ったとき、困った場所にその都度対応していくのがベストです。

あえてバリアフリー化を進めずに筋力を維持した

わたしの母は認知症の上、シャルコー・マリー・トゥース病（CMT）という難病を患っていて、手足の筋肉が萎縮しています。立ち上がりに時間がかかり、外出時は介助がないと歩けませんが、母の介護が始まってすぐは、家のバリアフリー化はあえてしませんでした。例えば手すりがなくても、コタツに両手をついて立ち上がる動作を母は覚えていて、この動き自体が筋力維持につながります。訪問リハビリの理学療法士と話し合い、自立できるうちは手すりを設置しませんでした。しかし介護が始まって8年後に何度か転倒の危険があったので、介護保険で手すりをレンタルし、バリアフリー化を進めました。

バリアフリー化の失敗例

親の転倒や骨折がきっかけで介護が始まると書きましたが、転倒を予防するために親の家にスロープを設置するなどのバリアフリー化を思いついた方もいるかもしれません。じゅうたんを固定するなどの危険箇所はすぐに対処すべきですが、バリアフリーの先取りには注意が必要です。左表に、介護のために行ったバリアフリー化の失敗例を挙げました。例えば自力で階段の上り下りができるのに、スロープを設置してしまったり、必要のない手すりを先取りして設置したものの、身体の不自由さと合致せずに使わなかったりした例があります。**過剰なバリアフリー化は、逆に筋力低下につながる場合もあります。**

親が家で日常生活を普通に送っているだけで、筋力アップにつながります。**親の自立や運動の機会を**

バリアフリー化の一般的な失敗例

①	建築業者に言われて車椅子のスロープを設置したが、ほとんど使わなかった
②	親がまだ元気なときに、廊下の右側に先取りして手すりを設置したが、右手に麻痺があったので使えなかった
③	手すりを設置したが、握力のない親には握りづらかった
④	家のリフォームのタイミングで一緒にバリアフリー化もしたほうが安くなると思って実施したが、ほぼ使わなかった
⑤	段差を解消するバリアフリーの工事を行ったが、認知症の進行が思いのほか早く、介護施設に入居した

バリアフリーを先取りしすぎると、今まで使っていた筋力まで低下してしまい、逆に転倒リスクが高まります。

筋力低下の悪循環

寝たきりの生活になる

体を動かす機会が減る

全身の筋肉量が減り、転びやすくなる

枯れた技術の水平思考

『ゲーム&ウォッチ』や『ゲームボーイ』などを開発し、任天堂を世界的な会社へと押し上げた技術者の横井軍平さんをご存じですか？　横井さんの商品開発モットーが詰まった著書『枯れた技術の水平思考』を読んだとき、この発想こそが今まで自分の介護に取り入れてきた考えだと思ったのです。

枯れた技術と聞くと、今となっては使えない古臭い技術と思うかもしれません。しかし決して最先端ではないけれども、たくさんの不具合を修正して信頼を重ね、広く知れ渡った枯れた技術は安定感があります。水平思考とは、既存の技術や商品をこれまでとは違う使い方をして、新しい商品を開発することです。横井さんは、電卓で遊ぶサラリーマンをヒントに、電卓という枯れた技術を水平思考して、ゲーム&ウォッチの開発にたどりつきました。

わたしは見守りカメラを介護用に使い始め、ブログや書籍で発信を始めたところ、メーカーに呼ばれて「工藤さんのように、介護で使う想定はしていなかった。どんな使い方をしているか、詳しく教えて欲しい」と言われました。

このように**メーカー側が介護を意識して開発していない道具であっても、介護者目線で見ると使える道具は世の中にたくさんあります。**しかも、最先端の商品や技術だけではなく、ホームセンターや100円ショップで売っている枯れた技術に属する道具も、水平思考で見ると介護に使えます。本書で登場する道具はまさに、日々の介護の苦労から生まれた、枯れた技術の水平思考によって発掘された道具たちだと思っています。もし全国の介護者がこの水平思考を持って介護にあたったら、道具でラクできる介護のノウハウがもっともっと増えるような気がしてなりません。

2章

親の変化を感じたら すぐに準備すること【介護前〜初期】

高齢者のテレビの大音量を解決する道具

難聴とスピーカー

70代以上は1日5時間以上テレビを見る

親と一緒にテレビを見ていたら、どんどん音量を上げてしまい、ストレスを感じた経験はないでしょうか？　ＮＨＫの調査によると、**70歳以上の平日のテレビ視聴時間は1日5時間以上でした。**これだけの時間、大音量でテレビを見られたら一緒に生活できませんし、ご近所など周囲の目も気になります。

75歳以上になると7割以上の方が加齢性難聴になり、音の聞こえが悪くなるといわれています。耳鼻科の問診や聴力検査で難聴を認識するしかなく、残念ながら根治しません。難聴が続くと認知症のリスクも高まるので、補聴器を勧められますが、自分の聴力にフィットさせるまでに時間がかかりますし、コストもかかるので、補聴器を嫌がる高齢者は多くいます。

テレビの音量をカバーする道具

テレビの音が聞きやすくなる、高齢者のための道具が発売されています。親のすぐ近くに置いて使う手元スピーカーであれば、親だけがテレビの音を近くで聴けますし、首にかけて使うネックスピーカーも同様で、周りにいる家族はストレスを感じずに済みます。また声をくっきりさせて、聴きとりやすさを際立てる高齢者向けテレビスピーカーもあります。

集音器は補聴器の5分の1程度の価格で、一般小売店で気軽に購入できます。ただ医療機器扱いである補聴器と違って、対面販売やアフターフォローはありません。補聴器が自分に合ったメガネだとすると、集音器は既製品として販売されている老眼鏡のようなものです。様々な道具を使えばテレビの大音量問題は解決するので、ぜひ試してみてください。

年代別 メディアの平均利用時間（平日）

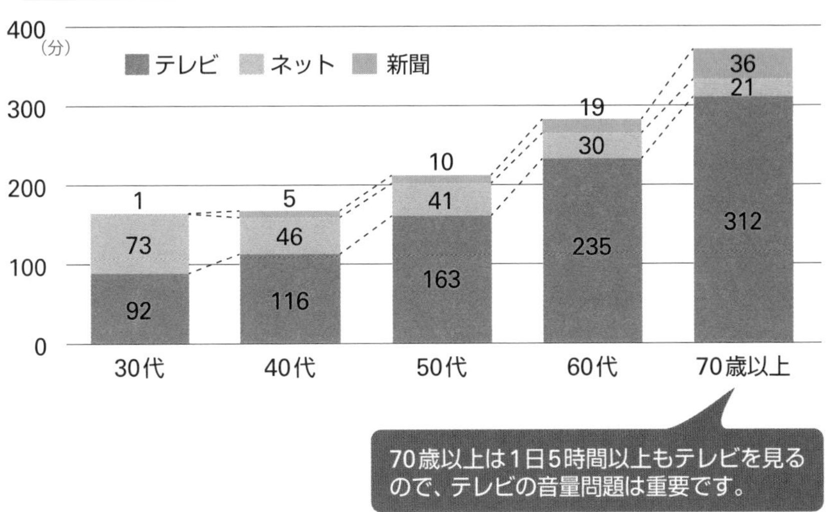

出典：「国民生活時間調査2020 生活の変化×メディア利用（NHK放送文化研究所）」より転載

テレビの大音量を防ぐ道具の例（価格の目安）

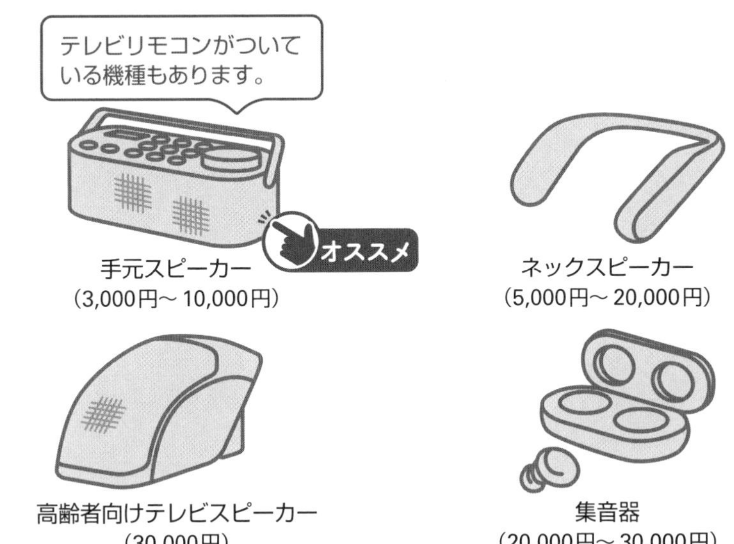

テレビリモコンがついている機種もあります。
オススメ

手元スピーカー
（3,000円～10,000円）

ネックスピーカー
（5,000円～20,000円）

高齢者向けテレビスピーカー
（30,000円）

集音器
（20,000円～30,000円）

熱中症対策

12 エアコンを設置していても熱中症になることがある

エアコンの使用年数の確認と点検をしよう

消防庁の「熱中症による救急搬送状況」（令和３年）によると、熱中症による救急搬送は65歳以上の高齢者が最も多く、発生場所のトップは屋外ではなく住居でした。東京都の死亡者数を見ると、９割以上が60歳以上で、屋内での死亡が９割でした。さらに内訳を見ると、**エアコンを設置していても、そもそも使っていなかったり故障していたりして、きちんと稼働していませんでした。**このことから、いかにエアコンが親の命を守る家電であるかが分かります。

エアコンの標準使用期間（製造した年から安全に支障なく使用できる標準の期間）は10年ですが、実際の平均使用年数は13・2年です。エアコンの下部に製造年が記載されているので、親の家のエアコンを確認してみましょう。わが家の居間のエアコンは13年が経過して効きが悪かったので、新しく買い替えました。親の家にエアコンがあるだけでは、安心とはいえません。親の使用状況を確認し、使用年数や故障の有無まで、しっかりチェックしましょう。

熱中症計を活用する

エアコンを正しく使うのと同時に、室温や湿度が分かる温湿度計や、高齢者にも分かりやすい熱中症計を設置しましょう。熱中症計は暑さ指数（ＷＢＧＴ）に基づき、注意、警戒、厳重警戒、危険の４段階で表示されます。暑さ指数の算出方法を見ると、**気温が高いから熱中症になるわけではなく、むしろ注意すべきは湿度のほうです。**同じ真夏日でも、湿度が高い日のほうが熱中症で搬送される人数は増えます。熱中症計以外にも、環境省から熱中症警戒アラートがＬＩＮＥで通知されるので、活用しましょう。

熱中症死亡者（屋内）のエアコン使用状況（東京23区）

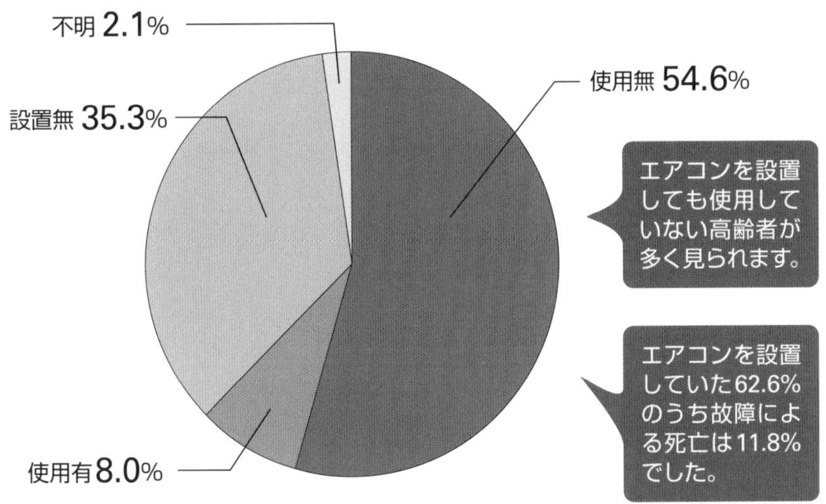

出典：東京都監察医務院「令和２年夏の熱中症死亡者の状況（東京都23区・速報値）」より著者作成

エアコンを使ってもらえないときの対処法

- 扇風機やサーキュレーターを使う
- 親が不在時にエアコンを動かすよう細かく予約設定をして、部屋を適温にする（スマートリモコン：項目㊽参照）
- 熱中症計を設置して、危険を知らせる
- せめて除湿器だけでも使う
- 子が親の住んでいる地域の天気予報を確認しつつ、熱中症警戒アラートの通知もチェックする

リモコンのトラブル

13 操作が複雑なリモコンはシンプルなものに替える

汎用リモコンはシンプルで使いやすい

親の家はテレビ、エアコン、照明など、家電を操作するリモコンであふれています。親が使いこなせるうちは大丈夫ですが、身体機能が衰えてくると、左表にあるような高齢者特有のリモコンのトラブルが増えていきます。さらにもの忘れが増えると、押すべきボタンが分からずに誤操作を繰り返したり、リモコンを紛失したりします。**リモコンのトラブルがあると、親から何度も電話がかかってきて大変なので注意が必要です。**こうしたリスクを回避するには、機能を限定した汎用リモコンを家電量販店や通販などで購入しましょう。例えばテレビであれば、電源、チャンネル、音量ボタンなど機能が限定されるため、ボタンの数が減って大きくなり、表記が見やすくなりますし、ボタンをロックできる機種なら誤操作を防止できます。介護者の中にはボタンをくりぬいたり、テープで固定したりして誤操作をさせない工夫をする方もいますが、故障の原因になるので汎用リモコンのほうが安心です。テレビだけでなく、エアコンにも汎用リモコンがあります。

スマートリモコンで誤操作を遠隔修正できる

汎用リモコンを使っていても、親のもの忘れが始まると誤った操作をするケースが出てきます。わが家では汎用リモコン操作が怪しくなってきたときには写真を撮っておいて、写真を見ながら電話で母に正しい操作を丁寧に伝えました。スマートリモコン（項目58参照）を設置すれば、あらゆるリモコンをスマホに集約できるだけでなく、遠隔で操作もできます。**わざわざ親の家まで行ってリモコンを操作しなくていいので、今では遠隔で修正しています。**

高齢者によくあるリモコンのトラブル

トラブル	対応策
リモコンの種類が多すぎる	・本体側で直接操作しても構わないものは、リモコンを使わない ・スマートリモコンを使って、複数のリモコンをスマホやタブレットに統合する
ボタンが押しづらい、小さい 手が震えて、うまく押せない 文字が見にくい 機能が多すぎて、操作が分からない	・ボタンが大きい汎用リモコンに買い替える ・スマートリモコンを使って、スマホやタブレットの大画面で操作する ・スマートリモコンを使った、音声による操作を検討する
誤操作をする	・ボタンロック機能のついた汎用リモコンを購入する ・スマートリモコンで遠隔操作をして修正する
リモコンを紛失する	・壁掛けリモコンホルダーを設置して、置き場所をある程度固定する ・リモコン紛失防止金具を使って、リモコンをホルダーから離れないようにする ・リモコンにキーファインダーやスマートタグを取り付けて、見つけられるようにする
リモコンの操作ができなくなり、コンセントから抜いてしまう	・項目㊷「家電のプラグを抜かれないための対策」参照

一般的なテレビリモコンと汎用リモコンの比較

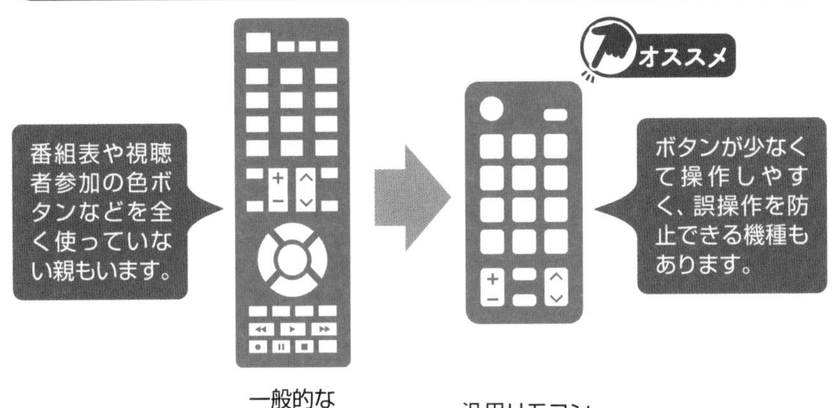

視力と色覚の老化

親が道具を使いこなせないのは色が理由かも？

視力だけでなく色覚も老化する

ものを正確に見るためには、視力と視野と色覚の3つが揃っていないといけません。**加齢による視力の低下は自覚しやすいですが、色覚の低下は自覚がありません。**80代でほぼ100％の方が白内障になるといわれていますが、その手術後に青く見えるようになるのは、色覚の老化で黄色に見えていたものが元に戻るために起こるそうです。青の色覚が低下するとガスの炎の上の部分が見えづらくなり、20代には6センチの高さで見える青白い炎が、60代には4センチの高さでしか見えていないといわれています。炎の先端ほど高温になるので、着衣着火の事故につながる場合もあります。また暗い下り階段の最後の段差が影になって段の境目を認識できずに、階段を踏み外す転倒事故も発生しています。ほかにも食べ物の色が鮮やかに見えていないから、食欲が低下している可能性もありますし、運転中の信号や標識の色が違って見えると事故につながる可能性もあります。白と黒のような色の明度（明るさ）の差がはっきりしているほうが、高齢者は分かりやすいので、左上表の箇所を特に意識してみましょう。

色覚に配慮したカラーユニバーサルデザイン

高齢者の色の見えづらさに配慮したカラーユニバーサルデザインによる商品開発が行われていて、対応済の商品にはマークがついています。また100円ショップには、誰でも見やすい色分けラベルという便利グッズも売っています。

子の世代にはカッコ悪く思える配色の製品や印刷物も、実は高齢者や色弱者でも分かる配慮がされているかもしれません。

明度差（明るさ）が必要な箇所

	明度差をはっきりすべきもの	効果
玄関	土間・上がり框（かまち）・壁・床	段差での転倒を防ぐ
手すり	壁・手すり	手すりの場所を認識しやすくなる
階段	踏板・踏板の先端・蹴上げ・壁	階段の踏み外しが減る
トイレ	便器・壁・便座カバー・床マット	白色のトイレが多いので、明度差を持たせると便器の位置が認識しやすくなる
料理	お皿・お盆・ランチョンマット	料理の色が認識でき、おいしそうに見えて食欲が増す

特に白内障の人は、明度差のない配色は見えづらいといわれています。

高齢者の色の見間違いに関するエピソード

生活の場面	色の見間違い
運転	夜間に車を運転中、2つ先の歩行者用信号の青と赤が分かりづらくなってきた
	信号機の青矢印が見えなくて、ブレーキを頻繁にかける
	高齢者の自動車運転講習で進行方向の標識が灰色に見えた
ファッション	靴下の色の黒と紺が分かりづらい
	ワイシャツの色を薄い青だと思っていたら、周りから緑と指摘された
薬の服用	薬の色や形が似ているため、飲み間違えた

白内障疑似体験ゴーグルをかけて、高齢者に見やすい商品を開発している企業もあります。

出典：色と高齢者に関する実態調査（公益社団法人 色彩検定協会）を基に著者作成（加筆あり）

火の心配

15 親に長く使ってもらえるのはガスかIHか

現在のガスコンロは安全性が高まっている

高齢の親の台所での火の使用は、特に心配です。火の消し忘れが増え、黒く焦げた鍋が見つかって、ガスコンロからIHクッキングヒーター（以下、IH）に替えようと思っている家もあるかもしれません。ガスコンロを使っている場合、まずは2008年4月製造より前のものかを確認してください。**現在は全口にSiセンサー（鍋底の温度を感知する）の搭載が義務化**され、消し忘れたら自動消火し、吹きこぼれても自動でガスが止まるなど、安全性が強化されています。親が使い慣れているガスのほうが火事の心配はない、着衣着火の可能性があるからIHがいいなど、**機能よりも安全性を優先して判断してください**。IHを選択する場合は、項目⑳でご紹介する契約アンペア問題をクリアしておきましょう。

わが家がガスコンロを選択した理由

認知症の母がガスの火を消し忘れるようになり、医師からもIHにすべきと言われたので、すぐ家電量販店へ行きました。料理好きな母からは、火の出ないIHは操作に不安があると言われたのと、もしIHに変更して料理ができなくなったら認知症の進行が加速すると考えて、安全性の高いガスコンロを選択し、口数を3口から2口に減らしました。今はSiセンサーが機能しているので焦げた鍋はなく、母が火を消し忘れていても、自動で火が消えます。

買い替えから8年が経過し、母の認知症はかなり進行して電気ポットの使い方まで分からなくなりましたが、ガスでお湯は沸かせます。認知症の進行と自立、安全性を考えてガスコンロを選択しましたが、わが家ではこの選択でよかったと思っています。

ガスコンロとIH購入時の優先順位と検討内容

優先順位	検討項目	ガスコンロ		IHクッキングヒーター	
1	火災のリスク	○	Siセンサーがあれば、火の消し忘れや鍋の焦げ付きがなくなり安全と判断	○	火を使わないので、火災も着衣着火の心配もなく安心
2	調理が続けられるか(認知症の進行)	○	使い慣れているし、調理器具を替えなくて済むので、調理が続けられると判断	×	操作方法が根本的に変わり、調理器具も変更になって、調理が続けられなくなると判断
3	メーカー	○	同じメーカーなら、ボタン操作も近いので、認知症でも戸惑わない	×	メーカーが変わるので、ボタンの形や配置まで変わってしまう
4	やけど	○	火を直接触ることはないので、安全と判断	×	認知症の進行と共に、天板の熱さに気づかずにやけどするかも
5	設置のしやすさ	○	一軒家でビルドインガスコンロを使っていて、同メーカーにしたので簡単	×	設置工事に加え、契約アンペアの見直しまで必要になる
6	購入金額	○	本体の交換費用がほとんどで追加費用はかからない	×	本体価格、設置工事、契約アンペアの見直しで、コストが大幅にかかる

この表はわが家の例で、優先順位は家によって違います。
表を参考に、ガスコンロかIHかを検討してみましょう。

台所に隠れているトラブル

16 高齢の親でも使いやすい台所家電とは？

高齢者の目線で家電を買い替えよう

親の家の台所にある冷蔵庫や電子レンジ。親は未だに家族全員で暮らしていた頃の古い家電を、不自由さを感じながら使い続けているかもしれません。もし新しく買い替える場合は、最新機能を追い求めるのではなく、**親が使い慣れた同じメーカーを選ぶなど、高齢の親の視点に立った機種選びをしましょう**。例えば冷蔵庫は、背の低くなった親でも取り出しやすい高さと奥行きに設計された機種を選んだり、腰への負担を考えて野菜室と冷凍室の位置を配慮したりしましょう。電子レンジは多機能で便利な機種もありますが、焼く・蒸すなどの調理機能を使わなくなり、温めなどに用途が限定されるようになったら、操作が簡単な単機能電子レンジを検討しましょう。炊飯器は一緒に住んでいる家族の人数が減ったり、親が食べるご飯の量が減ったりしているようであれば、5合炊きから3合炊きや1合炊きへサイズダウンしておくのもオススメです。

早く買い替えればよかった冷蔵庫の後悔

わが家では冷凍庫の取っ手が壊れたのをきっかけに、製造から17年が経過していた大型冷蔵庫を新しく買い替えました。母は1人暮らしなので、小型の冷蔵庫も検討しましたが、取り出しやすさを優先して、高さが10cm低く、容量が2割少ない同じメーカーの冷蔵庫に買い替えました。母が上段の棚の食材を苦労せずに取る姿を見て、早く買い替えておけば不自由さはもっと早く解消されていたかもしれないと後悔しました。**1日に何度も使う家電の不自由さを解消してあげることで、親の生活の質は向上しますし、長期間の自立にもつながります。**

高齢者によくある台所家電の問題

冷蔵庫	・上段の食材が取りづらく、奥まで手が届かない ・扉を閉め忘れてしまう ・閉め忘れのアラーム音が聞き取りづらい ・ドアを開閉するハンドルがなく、開けづらい
電子レンジ	・ディスプレイの表示が小さくて見づらい ・冷凍食品の設定時間が分からず、加熱しすぎる ・レンジに適さない容器や包装を加熱してしまう
炊飯器	・必要以上のお米を炊いてしまう ・炊飯中の蒸気に触れ、やけどしてしまう ・保温していたご飯を入れっぱなしにする ・米を入れず、誤って空焚きしてしまった

火災リスクのある家電は対策がされたものを優先的に選びつつ、基本はシンプルで機能が絞られた家電がオススメです。

わが家の台所家電選びの成功と失敗

冷蔵庫	電子レンジ	炊飯器
母は1人暮らしのため、4人家族用の冷蔵庫から容量をサイズダウンした。前の冷蔵庫は取っ手がハンドル式で、新しいタイプはついておらず最初は戸惑ったが、今は使える。	ガスコンロと一体型の電子レンジを使用。ガスコンロの真下にあり、腰をかがめないと使えない。ガスコンロの買い替えの際にレンジの交換も検討したが、慣れを優先して買い替えなかった。	認知症の影響で1人暮らしでも必ず3合の米を炊き、ご飯を捨てることに。さらに炊飯中にふたを開ける。慣れを優先して買い替えなかったが、早めに買い替えればよかった。

認知症の進行とともに、家電の買い替えがより難しくなりました。

介護中の洗濯の特徴

17 将来の介護を見据えた洗濯機選びとは?

介護の洗濯は少量で高頻度になる

介護者の目線で考えると、介護が大変になるにつれ洗濯の回数は増えていきます。例えば親が排泄を失敗したときや食べこぼしがあったときに、すぐに洗濯しないと下着やシーツのニオイが気になりますし、シミもとれなくなります。こうした洗濯物は下洗いが必要になる場合が多いですし、ほかの家族の洗濯物と分けて洗濯したいので、洗濯機を何度も回す必要があります。またシーツなどの大物の洗濯をする機会が増えると、ほかの洗濯物を後回しにしないといけなくなり、結果として一度にまとめて洗濯するよりも、こまめに洗濯するようになるので、**少量で高頻度の洗濯になっていきます。**洗濯の回数が増えると、洗濯物を干す回数も増えますが、冬場の洗濯物は特に乾きづらいので、乾燥機があると便利です。乾かす時間を短縮しておかないと、介護で汚れた洗濯物はどんどんたまっていきます。

介護が始まったあとを想定した洗濯機選びを

親が元気なうちは、腰に負担のかからないドラム式洗濯機がいいと思われるかもしれませんが、介護の将来を見据えた検討をしましょう。また認知症の親がオムツを誤って何度も洗濯するようになると、洗濯機が故障するかもしれません。**こうしたトラブルの多さから、洗濯機の寿命の短さも覚悟したほうがいい**と思うので、洗濯機は値段の安い縦型洗濯機、乾燥機は一体型よりも独立したタイプ（浴室乾燥機も含む）のほうが洗濯と並行して乾燥ができ、時間を効率的に使えます。縦型洗濯機の課題として、洗濯物の出し入れの際の腰への負担がありますが、負担を軽減する便利グッズがあります。

洗濯乾燥機を選ぶ際のわが家の優先順位

オススメ

優先順位	検討項目	縦型洗濯乾燥機		ドラム式洗濯乾燥機	
1	親自身で操作できる	○	使い慣れているので、認知症が進行しても操作可能	×	機能もボタンも多く、操作が難しい
2	少量・高頻度の洗濯への対応	○	途中で洗濯物を気軽に追加できる	△	追加はできるが、水が多い場合は扉がロックされることもある
3	設置のしやすさ	○	小さくて軽く設置しやすい	×	大きくて重いため、設置場所が限定される
4	値段	○	本体価格が安く、故障したときの費用も安く済む	×	縦型の倍以上かかり、修理費用もかかる
5	洗濯物の取り出しやすさ	×	かがむ必要があり、取りにくい	○	立ったまま洗濯物が取り出しやすい
6	乾燥機能	×	電気代がかかり、乾燥スピードも遅く、衣類が傷む	○	電気代が節約でき、乾燥スピードも速く、衣類も傷みにくい

この表を親の健康状態や住環境に置き換えて、検討してみましょう。

高齢者向け洗濯便利グッズ

便利グッズ	便利ポイント
バッグ型洗濯ネット	・洗濯物の持ち運びがラク ・洗濯機からの洗濯物の取り出し回数が1回で済み、腰の負担が軽減される ・介護用防水シーツなど大物も洗える
足つき洗濯カゴ	洗濯物を干す際、腰を深くかがめる必要がなく、腰への負担が軽減される
洗濯カゴフック	洗濯カゴを物干し竿などにかけて使うフック。腰をかがめる必要がなくなる
片手ではさめる洗濯バサミ	握力の弱い高齢者にも扱いやすい

排泄の失敗

18 高齢の親はトイレにどんな不自由さを感じているか

排泄の失敗から親が引きこもってしまう

どんなに元気な親でも、年を取るにつれてトイレが近くなったり、尿や便が漏れてしまったり、便秘で出なくなったりするなど、排泄に影響が出てきます。**排泄の失敗が増えてくると、親は外出を控えたり飲食を控えたりするようになり、その結果活動量が減って足腰が弱ってしまい、**介護が始まるきっかけにもなりかねません。一方で親は排泄の失敗を子に知られたくないと思いますし、子が指摘すると、親のプライドを傷つけてしまう可能性もあります。親にできるだけ長く、自立した排泄を続けてもらうために、子は何ができるのでしょう？

排泄のプロセスから親の不自由さを探ろう

親が自立した排泄を行うためのプロセスを、改めておさらいします。尿意や便意を感じたあと、トイレまで行ってドアを開けます。便器を認識して、下着を脱いで用を足します。おしりを拭き、トイレの水を流して衣服を着て、部屋に戻るまでの動作の中で、親が不自由に感じている箇所はないでしょうか。**トイレの不自由さは主に、運動機能の低下によるもの、認知機能の低下によるもの、排泄機能の低下によるものの3つです。**例えば足腰が不自由になって便座にうまく座れない場合は、運動機能が低下している可能性がありますし、トイレの場所が分からなくなっていたら、認知機能が低下している可能性があります。また尿をうまく溜められない、膀胱が勝手に収縮して、尿が排出されてしまうようであれば排泄機能が低下しているかもしれません。左表にトイレの不自由さ別に起こり得る問題点と対策をまとめたので、活用してみてください。

高齢者が感じやすいトイレの３つの不自由さ

「①運動機能の低下」に関しては、便利グッズや福祉用具を使ったサポートなど家族でも対処がしやすいです。

	トラブル	対処法
①運動機能の低下	・便座からの立ち上がりが困難になる ・スリッパやマットで転倒する ・ドアノブが扱いづらい ・水洗レバーに手が届きづらい ・便座横の温水洗浄便座リモコンが操作しづらい ・トイレ入口の段差でつまずく ・トイレットペーパーが切りづらい	・スリッパを使わない、マットを固定する ・介護が始まったら、福祉用具を利用する（項目㊷、㊾を参照） ・温水洗浄便座のリモコンを壁に設置する ・片手で切れるトイレットペーパーホルダーに替える ・水洗レバーを操作せず、リモコン（ボタン）で洗浄できるタイプへ変更
②認知機能の低下	・トイレの場所が分からなくなる ・水の流し方が分からなくなる ・温水洗浄便座の使い方が分からなくなる ・鍵の掛け方が分からなくなる ・流し忘れが多くなる	・トイレの場所や使い方を説明した貼り紙を貼る ・自動洗浄や自動開閉機能のついたトイレに替える ・もの忘れ外来の受診
③排泄機能の低下	・せきやくしゃみなどで漏れてしまう ・ガマンができずに漏れてしまう ・残尿感が消えない ・排尿直後でも尿が勝手に出てきてしまう	・下着やオムツ、尿パッドなど、症状にあったものを選ぶ（項目61を参照） ・泌尿器科の受診

お風呂で多い事故

19 元気な親ほど気をつけたい入浴習慣

ヒートショックと浴室内熱中症に注意

毎日の入浴を楽しみにしている親は多いと思いますが、高齢者の入浴中の死亡者数は増加傾向にあって、減り続けている交通事故の死亡者数を上回っています。消費者庁の発表によると11月から4月までの死亡者が特に多く、冬季の1月がピークとなっています。リビングと脱衣所や浴室内の急激な温度差によるヒートショックが原因で、血圧が大きく変動し、脳卒中や心筋梗塞につながります。

また日本は浴室内の溺死が最も多い国なのですが、原因はお湯に浸かる文化とされていて、特に夏季の入浴は、浴室内熱中症に注意が必要です。高齢者は温度感覚が鈍くなっているので、いつの間にかお風呂でのぼせている状態になっていても、暑さを感じにくく気づきません。

親のプライバシーを守りつつ入浴を見守る

お風呂は特に、プライバシーを確保しておきたい場所なので見守りが難しいです。まずは**安全かつ健康的な入浴とされる40℃以下×10分以下を基準に、お湯の設定温度を上げすぎないようにしましょう。**給湯器で温度設定ができない場合は、湯温計でお湯の温度を測るといいでしょう。また親の入浴時間を見守ったり、浴室内に時計やタイマーを設置したりして、長湯を防ぐ工夫も必要です。親の長年の入浴習慣を、一度見直しておきましょう。

介護が必要になると、デイサービスなど自宅以外での入浴の機会が増えますが、人による見守りがあり安心です。むしろ**見守りの必要がなく、自立した入浴ができる時期のほうが、リスクは高いかもしれません。**健康を過信している親ほど注意が必要です。

高齢者の入浴で起こる問題と対策

場所	問題		対策
脱衣所	・脱衣時に不安定になり転倒	➡	・椅子の設置
	・ほかの部屋との温度差によるヒートショック	➡	・暖房の設置 ・温度計を設置し、脱衣所の室温を見える化する
浴室内	・冷えやすいタイル床によるヒートショック	➡	・浴室内暖房の設置
	・滑りやすく硬いタイル床の上での転倒 ・床に残ったシャンプー、リンス、石けんで滑って転倒	➡	・滑りづらい床の高齢者向けユニットバスへの変更
浴槽内	・床と浴槽の段差をまたげずに転倒	➡	・福祉用具の活用。項目㊼を参照
	・血圧の急変によるヒートショックや溺死	➡	・浴室内暖房の設置 ・温度計による浴室内の室温の把握
	・のぼせからくる浴室内熱中症	➡	・タイマーによる入浴時間の見守り、防水時計の設置 ・湯温計による湯温の把握

入浴習慣　4つのタイプ

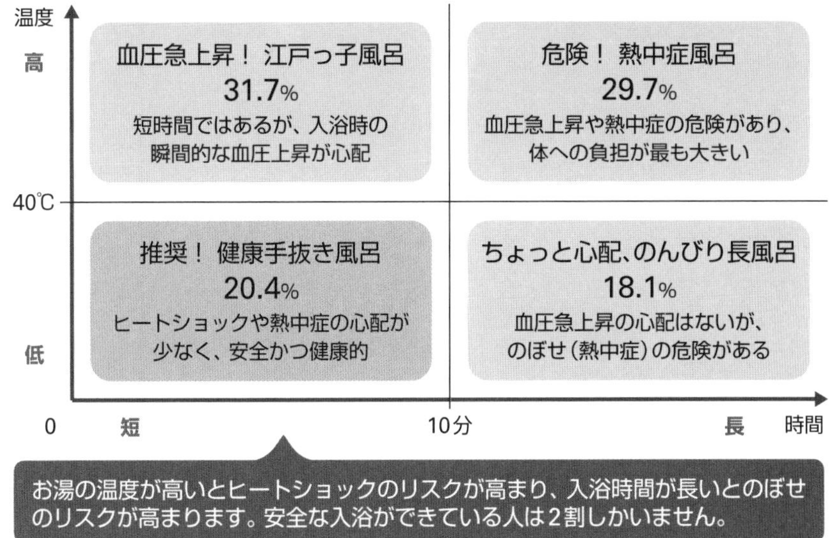

お湯の温度が高いとヒートショックのリスクが高まり、入浴時間が長いとのぼせのリスクが高まります。安全な入浴ができている人は2割しかいません。

出典：熱と暮らし通信 入浴習慣に関する意識調査（リンナイ 2017）

古い家の停電対策

オール電化が進む親の家で心配な停電

火事を心配するとオール電化が進む

親の家の火事が心配になると、ストーブからエアコン、ガスレンジからＩＨなど、家のオール電化が自然と進んでいきます。一方で電気の基本料金の節約のために、契約アンペアの変更をしないでいると、頻繁にブレーカーが落ちて停電します。**高い位置にあるブレーカーの復旧は、親が転倒するリスクがありますし、もの忘れから復旧方法が分からず、停電が長期化する可能性もある**ので、早めの対策が必要です。わが家はレンジとドライヤーとエアコンを同時に使うとブレーカーが落ちていたので、エアコン増設のタイミングでアンペア契約を見直しました。

スマートメーターの導入が進んでいる

親の家はすでに、スマートメーターが導入されているかもしれません。現在の電力メーターには有効期間があって、２０２４年までに全国の一般家庭にスマートメーターが導入される予定になっています。これまでは検針員が各家庭を回って使用量を計測していましたが、データを電力会社に送れるようになり、検針員は不要になりました。また**落ちたブレーカーを10秒程度で自動復旧してくれるので、自分で戻す必要がなく、**わが家でも助かっています。

従来の電力メーターは1か月単位で電気の使用量を把握していましたが、スマートメーターは30分単位です。電力会社によっては、電気の使用量のデータをホームページで確認できるので、親の見守りにも活用できます。また家電が増えてアンペア変更が必要になったとき、立ち会い不要で、遠隔で契約の変更ができます。特に親の家が古い場合は、漏電やアンペア数などを一度確認しておくと安心です。

分電盤をチェックしよう！

スマートメーターが設置されていると、アンペアブレーカーはありません。

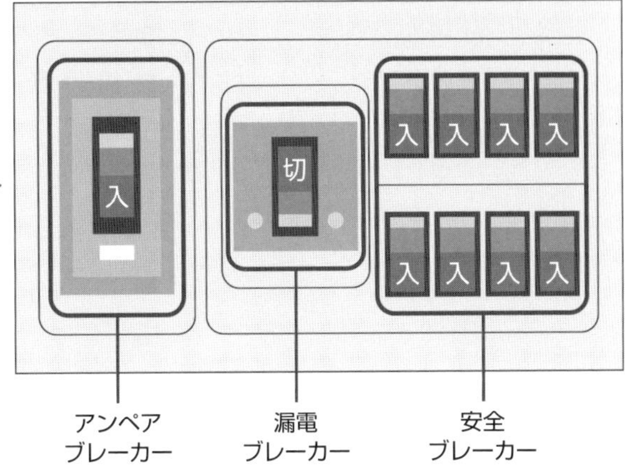

アンペア
ブレーカー

漏電
ブレーカー

安全
ブレーカー

ブレーカーが落ちる原因と対策

種類	原因	対処法
アンペアブレーカー	・契約しているアンペア数以上の電気量を使うと落ちる ・住宅全体が停電	・使用していた電気機器の電源をすべて切り、ブレーカーをあげる ・契約アンペアを見直す ・スマートメーターにする
漏電ブレーカー	・漏電のまま電気を使うと感電、火災の原因になる ・住宅全体が停電	・漏電調査を電気工事士に依頼する ・湿気の多い場所で電気機器を使わない ・水回りのコンセントはアース線をつける ・トラッキング防止をする（項目㉑参照） ・タコ足配線をやめる
安全ブレーカー	・部屋などで電気を使い過ぎている ・部屋ごと、エアコンのみなど専用回路だけ停電	停電箇所の電気機器の電源を切り、ブレーカーをあげる

＜ブレーカーが落ちる原因になりやすい家電＞
・炊飯器
・電子レンジ
・オーブントースター
・ドライヤー
・IHクッキングヒーター
・エアコン

高齢者の火災対策

21 親の家の火事が心配。どんな対策が必要？

親の家のコンセントのほこりに注意しよう

親の家のガスやストーブなど、分かりやすい火災対策だけではなく、コンセント周りもしっかり対策しておきましょう。**特に古い家はコンセントの数が少なくてたこ足配線になりやすかったり、焦げたコンセントを使い続けていたりする場合があります。**

総務省消防庁は２０００年に『住宅防火いのちを守る7つのポイント』を発表しましたが、高齢者の生活実態に合わせて、２０２１年に10のポイントに改正しました。特に電気器具が出火原因である住宅火災件数が増加傾向にあって、コンセントに溜まるほこりが湿気を吸って電気を通し、ショートして発火するトラッキング現象による火災が増えています。対策としてプラグ安全カバーを取り付けたり、トラッキング防止機能つきの電源タップを使用したり、使わないコンセントにはキャップをしましょう。

わが家では母を見守るための電気機器が増えてしまって、たこ足配線になっていたので、コンセントを増設して解消したり、ほこりが溜まっていたトイレの古いコンセントを新しくしたり、プラグ安全カバーを購入したりして火災対策を行いました。

火災警報器があると被害は軽減される

左表の6つの対策のデータによると、**②にある火災警報器を新しくすることで、住宅火災１００件あたりの死者数は０・48倍、焼損床面積も０・48倍、損害額も０・6倍に抑えられます。**また④に含まれるエアゾール式簡易消火具は、住宅用消火器ほどの能力はありませんが、天ぷら油の発火、石油ストーブの注油中の引火による火災、電気器具の火災など、比較的初期段階の火災に有効とされています。

住宅防火　いのちを守る10のポイント

4つの習慣	①	寝たばこは絶対にしない、させない
	②	ストーブの周りに燃えやすいものを置かない
	③	こんろを使うときは火のそばを離れない
	④	コンセントはほこりを清掃し、不必要なプラグは抜く
6つの対策	①	火災の発生を防ぐために、ストーブやこんろ等は安全装置の付いた機器を使用する
	②	火災の早期発見のために、住宅用火災警報器を定期的に点検し、10年を目安に交換する
	③	火災の拡大を防ぐために、部屋を整理整頓し、寝具、衣類及びカーテンは防炎品を使用する
	④	火災を小さいうちに消すために、消火器等を設置し、使い方を確認しておく
	⑤	お年寄りや身体の不自由な人は、避難経路と避難方法を常に確保し、備えておく
	⑥	防火防災訓練への参加、戸別訪問などにより、地域ぐるみの防火対策を行う

（網掛け）：消防庁が高齢者の実態に合わせて新しく追加した項目（著者加筆）

出典：住宅防火　いのちを守る10のポイント（総務省消防庁）

侵入犯罪の手口

22 空き巣や訪問販売から親を守る道具

侵入犯罪の手口の1位は「鍵をかけていない」

厚労省の「国民生活基礎調査」（令和元年）によると、65歳以上の高齢者世帯のうち1人暮らし世帯は49・5％と高く、空き巣や窃盗などの侵入犯罪に狙われやすいといわれています。侵入犯罪を防ぐために1ドア2ロックという標語があり、1つのドアに補助錠を追加して防犯強度を高めるのですが、**実は一戸建て、マンションともに手口の1位は無締まり（鍵をかけていない）です。**侵入場所の上位である窓は鍵をかけ忘れやすいですし、玄関を開けっぱなしにしていたために空き巣に入られるケースも多いです。玄関は鍵を増やすと、紛失する可能性が高くなりますし、もの忘れが増えると家に入れなくなるかもしれません。また賃貸では鍵の追加設置ができないケースもあるので、まずは親にしっかり施錠をしてもらうところから防犯対策をしましょう。

違法な訪問販売対策にはドアホンの見直し

親を狙った違法な訪問販売への対策は、ドアホンの見直しがオススメです。来訪者の自動録画は訪問日時まで記録されますし、見知らぬ来訪者が来たときに、ドアホンが留守番電話のように自動で応答する機種もあります。賃貸でも配線工事が不要で取り外しが簡単にできて、玄関先のカメラと室内モニターを無線接続するワイヤレスドアホンがあります。

左下図はわが家であった訪問販売の実例と対策です。録画機能付きドアホンの映像から、訪問販売や宗教勧誘など多くのリスクにさらされている実態が分かりました。カメラ付きには犯罪抑止効果があるとされています。玄関内に入られたときのために見守りカメラを設置するとさらに安全です。

侵入窃盗の手口と侵入場所 ベスト3

■手口

<table>
<tr><th></th><th>1位</th><th>2位</th><th>3位</th></tr>
<tr><td>一戸建て住宅</td><td rowspan="3">無締まり</td><td rowspan="2">ガラス破り</td><td rowspan="2">合かぎ</td></tr>
<tr><td>共同住宅（3階建以下）</td></tr>
<tr><td>共同住宅（4階建以上）</td><td>合かぎ</td><td>ガラス破り</td></tr>
</table>

■侵入場所

<table>
<tr><th></th><th>1位</th><th>2位</th><th>3位</th></tr>
<tr><td>一戸建て住宅</td><td>窓</td><td>表出入口</td><td rowspan="3">非常口</td></tr>
<tr><td>共同住宅（3階建以下）</td><td rowspan="2">表出入口</td><td rowspan="2">窓</td></tr>
<tr><td>共同住宅（4階建以上）</td></tr>
</table>

出典：住まいる防犯110番「手口で見る侵入犯罪の脅威」（警察庁）

わが家であった訪問販売の実例

道具による対策なし

実例①:牛乳配達
著者の同級生を名乗る営業が来て、母が契約。訪問販売の対策が必要になった。

対策①: 録画機能付きドアホンを設置

実例②: リフォームの営業
実家が古く、リフォームの営業がよく来る。留守中の録画映像から社員証の会社名を特定できた。

対策②:母がドアホンを使わずに玄関で直接応対するので、室内に見守りカメラを設置

実例③: 不用品買取
営業が家の中に侵入。不用品の買取査定中、見守りカメラで異変に気づいた著者が家に電話し追い返す。

被害なし！

ネットの必要性

23 介護前～初期はインターネットをお試しで導入する

介護初期はネット活用の大切さが分からない

認知症の母の介護が始まってすぐは、頻繁に見守る必要はないと思っていましたし、インターネット回線もありませんでした。しかし、来客者の名前を忘れる、不要な牛乳の宅配契約を結ぶといったことが重なり、見守りカメラと、カメラをつなぐためのネット回線の導入を決意しました。最初に工事が不要で値段の安いモバイル回線を選んだ理由は、介護がいつまで続くか分からなかったのと、見守りカメラをどの程度活用するか分からなかったからです。結局モバイル回線は5年も利用しましたが、認知症の進行によって、より多くのカメラが必要になったのと、回線が不安定で映像がつながらずに母の様子が見られないことがあったので、より安定した光回線に切り替えました。今となっては、もっと早く光回線にしておけばよかったと後悔しています。現在は**コンセントに挿すだけでネットが使えるようになるホームルーターが登場し、導入が簡単になりました。**

民間の見守りサービスの種類とデメリット

ネットの導入や見守りカメラを使わずに、民間の見守りサービスを利用して親を見守っている方もいます。例えば親の家にセンサーを設置して、反応がなければ指定した人に通知がくるサービスや、緊急時にボタンを押すと警備員等が駆けつけるサービス（自治体が緊急通報装置をレンタルしているところもある）、郵便局員が月1回訪問する郵便局のみまもりサービスなどがあります。**サービスごとに契約をするので割高なのと、親の健康状態が変化し、見守りの強化が必要になった場合には、契約の見直しや解約を行わなくてはなりません。**

主なインターネット回線の比較

	モバイル回線	ホームルーター	光回線 オススメ
持ち運び	○	×	×
工事	不要	不要	必要
安定性	△	○	◎
接続台数	約10台	約35台	無制限
速度制限	あり	条件によってあり	なし
費用の目安（月額）	3,000円前後	4,000円前後	5,000円前後
どんな人向け？	・工事が待てず、すぐにネットを導入したい ・コストを抑えたい	・工事が待てず、モバイル回線より安定した回線がいい ・面倒な設定を避けたい	・将来IoT機器の拡張を予定している ・常に通信速度を安定させたい

民間の見守りサービスの種類と費用の目安

	センサー型（A社）	通報型（B社）	訪問型（C社）
初期費用	5,500円	13,200円	0円
月額費用	3,300円	2,750円	2,500円

月額費用はネット回線と変わりませんが、
自分自身で気軽に見守りの強化はできません。

見守りの道具

24 親のプライバシーに配慮した見守りとは？

プライバシーに配慮した見守りの種類は豊富

親も自分のプライバシーを守りたいと思うので、見守りカメラの導入は簡単ではありません。その場合は、スマートフォン（以下スマホ）を活用した見守りから始めてみましょう。例えば親がスマホ画面をタップすると子に通知がくるアプリや、位置情報を共有するアプリなどを使って、親を見守れます。

もし親が携帯を使っていない場合は、人感センサーを活用してみましょう。ドアや窓の開閉を知らせるタイプや、頻繁に利用するトイレなどに専用の電球を取り付けて、使用状況を家族のスマホに通知するタイプなどがあります。見守りツールは豊富にありますが、**親に操作をお願いしたり専用機器を持たせたりするのではなく、自身で管理するのが安心できてオススメです。**

人感センサーの誤作動に注意

人感センサーの多くは、赤外線（熱）の変化を動きとしてとらえますが、設置場所によっては誤作動や意図しない通知が過剰に来ます。例えば風に揺れたカーテン、ペットの動き、交通量の多い道路の振動まで検知してしまいます。**誤作動が重なり、ムダな通知が多くなると信頼度が下がってしまい、親の見守りとして役割を果たせなくなってしまいます。**

親が元気なうちは、人感センサーの通知による安否確認だけで大丈夫かもしれません。もし通知だけでは不安が解消されないようなら、見守りカメラの利用をオススメします。わが家でもいくつかの人感センサーを使ってみましたが、意図しない通知が多く来ました。最終的には、親の様子が映像や音声で分かる見守りカメラには敵いませんでした。

親を見守る道具やサービスのステップ

見守りレベル		どんな見守り？	プライバシー	メリット	デメリット
お試し	スマホ	・電話でのやりとり ・GPSで位置把握 ・アプリを使った見守り（ロック解除時、充電時、歩行時の通知）	○	・携帯電話のみのやりとりなら、追加費用は発生しない ・一定時間利用履歴がないと安否確認の電話が来るサービスがある	・毎日の連絡が負担 ・携帯がないと使えない ・携帯を持ち歩いていないと意味がない ・充電されていないとつながらない
	人感センサー	・電池、電球の使用によるスマホへの通知 ・開閉センサーによるスマホへの通知	○	・インターネット回線不要のタイプもある	・生存確認のみで、親の詳しい様子までは分からない ・設置場所によって、誤作動がある
	見守りサービス（ゆるい）	・電気ポットの使用によるメールでの通知 ・ガスや電気の使用状況に応じてメールで通知	○	・インターネット不要 ・手軽に導入できる	・拡張性がないため、長期で見たときにコストが割高
	見守りサービス（しっかり）	・緊急時にボタンを押すと、警備員が駆け付けるサービス ・定期的に親の元を訪問するサービス	○	・人の目で見守れるので安心	・親が通報ボタンを押してくれないと、駆けつけてもらえない ・常に見守れるわけではない
オススメ しっかり	見守りカメラ	・映像と音声でリアルタイムに確認 ・録画映像による確認 ・動体検知機能で、親の動きを通知する	×	・24時間365日見守り可能 ・家族にしか分からない親の変化に気づける ・災害時にすぐ安否確認可能	・インターネット回線が必要

25 ネット環境がなくても見守りカメラは設置できる

見守りカメラの説得

ネット環境がいらない見守りカメラもある

見守りカメラは便利そうだけど、親の家はネットもWi-Fiもつながっていないから設置できないと諦めている方もいるかもしれません。見守りカメラの中にはネット環境がなくてもつながる機種があり、例えば**Wi-Fiの届かない屋外の防犯対策のために設置したり、親の見守りがすぐ必要になったりした場合に、工事することなく簡単に設置できます。**ただしカメラを接続するための携帯回線を契約する必要があるのと、カメラ本体の価格がネットに接続して使う見守りカメラと比べて、高額になる欠点があります。

カメラを嫌がる親を説得する3つのポイント

見守りカメラを設置したいけど、監視されているようで嫌だと親に反対される場合があります。どのように親を説得したらいいのでしょう？

左下図に、親を説得する際の3つのポイントをまとめました。東京都健康長寿医療センターの調査によると75歳を過ぎると、今まで親ひとりでできていた日用品の買い物のための外出や、公共交通機関の利用などが難しくなり始めるそうです。個人差はありますが75歳をひとつの目安と考え、親が心身の衰え等で不安を感じているようなら、見守りカメラによる見守りを提案してみましょう。また、急なケガや病気などで、親の見守りや介護が必要になったタイミングで提案をするのもオススメです。

わが家では母が見守りカメラの仕組みを理解できなかったので、説得の苦労はありませんでした。しかし、**見守りカメラを導入する際の親の説得はどうしたらいいか、質問を多く受けてきたので本書で取り上げました。**

ネット環境のいらない見守りカメラのメリット・デメリット

メリット	デメリット
・ネット環境がなくても、すぐに導入できる ・Wi-Fiの電波が届かない場所（屋外など）でも導入できる	・カメラの台数を増やす際、携帯回線の契約が台数分必要になる ・ネット環境がないので、エアコンの遠隔操作などを考えている場合は別途ネット契約が必要 ・電波の状況次第で、映像が不安定になることもある

緊急性がなく、いずれ見守りカメラが必要になると思うなら、ネット環境を整えて見守りカメラを設置したほうがいいでしょう。

見守りカメラを嫌がる親の説得　3つのポイント

① 親が75歳を過ぎて、心身に衰えを感じ始めたタイミングで説得してみる

② 親が病気で倒れたり、ケガをしたりして、不安を感じ始めたタイミングで説得する

③ よくいる居間や台所以外の場所にカメラを設置してみて、見守り効果の実績を少しずつ作っていく

親も老いて、子の助けが必要になる時期がやってきます。親への心配の気持ちを正直に打ち明けて説得できたケースもあるので、説得は長期戦で考えましょう。

高齢者向けの電話選び

26 介護が始まったときのために固定電話を残しておく

機能や電話料金より使いやすさを優先する

親の様子の確認や見守りのために何度も利用する電話ですが、加齢によって親が電話の操作で苦労するケースがあります。例えば携帯電話のボタンの数字が小さくて見えない、操作方法を忘れてしまった、相手の声が聞き取りづらいなど、電話の種類によっても不自由さは違います。最悪の場合、親と急に連絡がつかなくなるケースもあるので、左表で高齢の親が電話でどんな苦労をするのかをおさえておきましょう。親が元気なうちは電話料金の節約や機能を重視してもいいのですが、**将来の身体の衰えも考慮しつつ使いやすさを優先しましょう。**

親が使いやすい固定電話は特殊詐欺に注意

高齢者の携帯電話の使用率は高くなっているので、

親の家の固定電話を解約しようと思っているかもしれませんが、介護者の目線でいうと残しておいたほうがいいと考えます。固定電話は着信音が鳴ったら受話器を取るシンプルな動作に加え、親は長年使っているので操作方法にも電話番号にも慣れています。わが家では母に携帯電話を持たせていましたが、認知症が進行するにつれて携帯電話が使えなくなってしまい、今では固定電話に連絡しています。

一方で、**現金等をだまし取る特殊詐欺の9割は、固定電話経由です。**特に古い電話は、特殊詐欺対策がされていないので、特殊詐欺防止機能付きの電話機に替えましょう。市区町村によっては購入助成金が出ますし、今使っている固定電話に取り付ける自動通話録音機を無料で貸し出している自治体もあります。自動通話録音機は電話がかかってくると自動で警告メッセージが流れ、会話が録音されます。

高齢者目線の電話選び メリット・デメリット

種類	メリット	デメリット
オススメ 固定電話	・電話のボタンが大きく見やすい ・ディスプレイが大きく、誰からの電話か分かりやすい ・使い慣れているので操作が簡単	・ナンバーディスプレイを契約しないと、相手の電話番号や名前が分からない ・迷惑電話がかかってきやすい ・災害時につながりにくい
携帯電話	・家族間通話が無料になる場合がある ・どこにいてもつながる安心感 ・GPS機能がある	・操作が難しいと感じる人もいる ・充電を忘れるとつながらない ・電話を携帯し忘れ、つながらない ・災害時につながりにくい
インターネット電話（LINEなど無料通話アプリ含む）	・通話料金がかからない ・テレビ電話としても使える ・電話番号がなくてもつながる ・災害時でもつながりやすい	・ネット環境と専用アプリが必要 ・操作方法を覚える必要もある ・回線が不安定になることもある

下記機能を備えた固定電話もあります。
・通話内容を自動録音できる
・設定した時間に自動で電話が鳴り、親が応答しないと子に連絡が来る

固定電話を利用し続けたいと考える人の主な理由

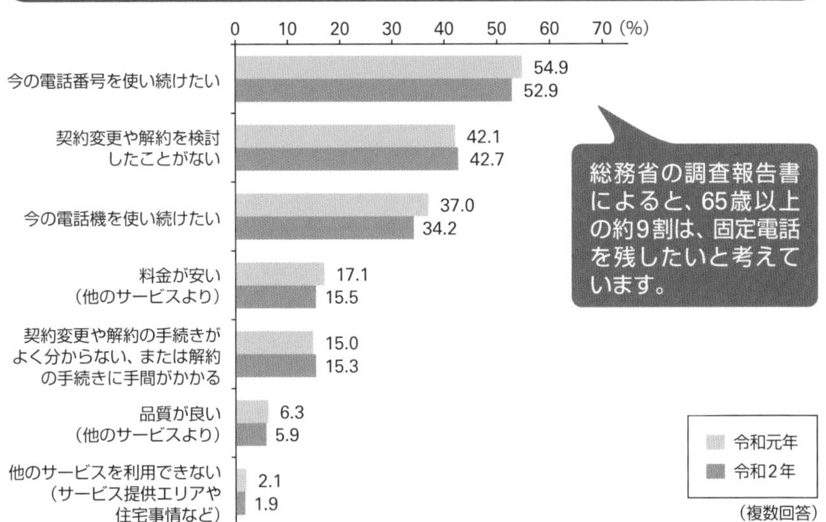

出典：通信利用動向調査報告書（総務省2020年）より著者作成

携帯の機種変更

27 携帯電話からタブレットへ変更する手もある

タブレットの画面の大きさは高齢者向け

古い携帯電話（3G回線）を使っている親の多くは、サービスの終了により機種変更をしなければなりません。そのまま携帯を機種変更してもいいのですが、高齢者が使いやすいタブレットも選択肢に加えてみましょう。タブレットの最大の特徴は、画面の大きさです。**高齢者でも文字入力がしやすく、パソコンのようなキーボード操作が不要で、直感的に操作できます。**また、家族の写真なども大画面で見られます。高齢者の見守りのためにタブレットを無償配布している自治体もあり、見やすさと操作のしやすさからタブレットは高齢者向けともいえます。

明確な目的がないと使わない可能性もある

タブレットを選ぶときのポイントを、左上表にまとめました。親に長く使ってもらうためには、子や孫と頻繁にテレビ電話をしたり、家族の写真を共有しあったり、ネットで調べものをしたり、読書をしたりするなど、**親が興味を示す明確な目的が必要です。**また高齢者ならではのタブレットの壁があって、例えば専門用語が分からない、ログインができないなど、子にとっては当たり前の操作も、親には難しいために使用を諦めてしまう原因になります。ただタブレットを購入して親にプレゼントするのではなく、サポートが必要です。

親の家にネット環境がなくても、回線契約と初期設定を済ませたタブレットを親に送れば、すぐにテレビ電話として使えます。まずはテレビ電話からタブレットに興味を示してもらい、情報収集など利用の幅を広げていくことで、親の生活に張りが生まれますし、同時に親の見守りにもつながります。

タブレットを選ぶポイント

モデル	使える場所	特徴
Wi-Fi	Wi-Fi環境がある場所	・セルラーモデルに比べて価格が安い ・Wi-Fi環境がない場所では使えない
Wi-Fi＋セルラー	携帯電波がつながればどこでも使用可能	・大画面のスマホを使っているような感覚 ・別途SIMカードの契約が必要

画面サイズ	種類	使用目的
3インチ〜4インチ	ガラケー	通話やメール中心
5インチ〜6.5インチ	スマホ	通話、メール、ネットや動画閲覧など
7インチ〜8インチ	タブレット	文庫本と同サイズ。スマホより少し大きく軽く、外出先でも使う人向け
10インチ前後		タブレットの標準サイズで安い。重量があり持ち歩きはつらい。自宅などで使う人向け
11インチ以上		高性能で価格が高い。画像や動画編集などヘビーユーザー向け
10インチ〜15インチ	ノートパソコン	文書作成、メール、ネットなど。キーボード操作やパソコン操作が難しいと感じる人もいる

家でしか使わない場合はWi-Fiモデルで10インチ前後がオススメです。

高齢者がぶつかりやすいタブレットの壁

課題	対策
操作ができない、用語が分からない	タップ、スワイプ、ドラッグ、フリック入力など練習が必要。子と同じOSがオススメ
指が乾燥して反応しない、押しすぎる	タッチペンを利用する
ホーム画面のアイコンが多く、小さくて複雑	アイコンの数を減らす。ショートカットを作って、アイコン名称を分かりやすくする
ログインできない、パスワードを忘れた	指紋認証や顔認証などを使うようにする
ウイルスや詐欺が怖い	セキュリティソフトを入れる

28

スケジュール管理①【認知症】

生活の張り合いを失わないためにカレンダーを活用する

カレンダーで予定を見える化しておく

左上図の総務省の調査によると、**家族と暮らす65歳以上の高齢者でも、ひとりで過ごす時間は1日6時間強、単身者は11時間強もありました。**ひとりでも充実した時間を過ごしていればいいのですが、人や社会とのつながりが薄れると、生活の張り合いまで失われていきます。放っておくと次第に活動量が減り、筋力が低下して転倒リスクが高まり、急に介護が必要になる可能性もあります。買い物に行く日や薬を飲む時間など**小さな予定でも構わないので、親の目に入りやすい場所にあるカレンダーやホワイトボードなどに予定を書き込んで、見える化しておきましょう**。予定が入っていれば持ち物を準備したり、身だしなみを整えたりするので、行動意欲が増しますし、ルーティーン化できれば活動量の増加につながります。ほかにもゴミ出しの日が曜日で決まっているなら、カレンダーに記入しておけば**曜日感覚を保ちやすくなりますし、過去に行った自分の行動の振り返りもできる**ので、親の記憶を助ける道具として機能します。

アナログ化も取り入れてもの忘れに備える

親がスマホや手帳などで予定を管理している場合は、アナログの紙のカレンダーに切り替えたほうが予定の見える化になりますし、家族も親の予定を把握しやすくなります。また親が友人と会う約束をすっぽかしたり、通院の予定を忘れたりし始めたときに、予定を見える化しておけば認知症のサインとして家族が早めに気づけるので便利です。予定を忘れると自信を失い、認知症への不安が大きくなるので、カレンダーを使ってサポートしましょう。

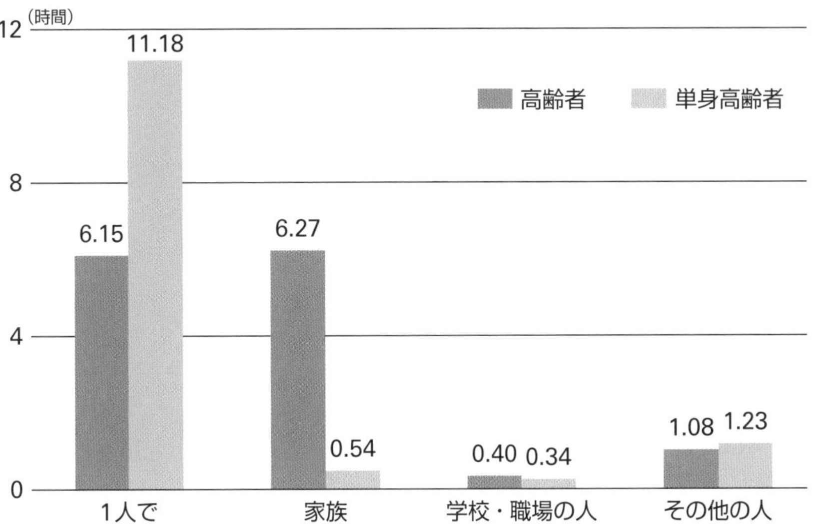

出典：「平成28年社会生活基本調査結果」（総務省統計局）より著者作成

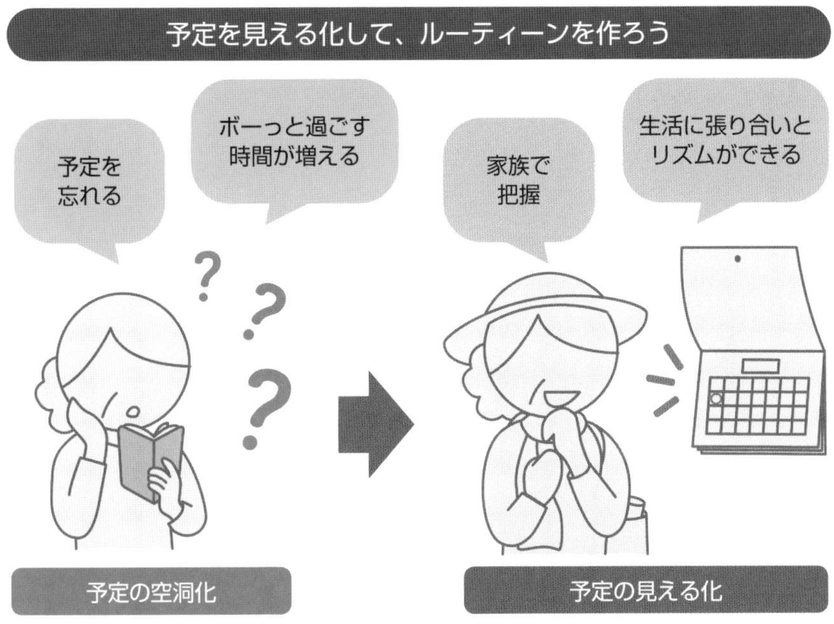

スケジュール管理②【認知症】

29 親の自立に役立つデジタル日めくりカレンダー

ブログ読者から最も反響があった道具

わが家の介護で使っている道具は、これまでも本やブログで紹介してきましたが、最も反響が大きかったのがデジタル電波時計（デジタル日めくりカレンダー）です。今日が何日で何曜日かも分からない認知症の母のために購入し、今でも重宝しています。

紙の日めくりカレンダーだと、めくりすぎやめくり忘れが起こりますし、月のカレンダーで過去日付にバツ印をつけている場合も、どこまでバツをつけたか分からなくなることもあります。こうした行動はもの忘れのサインのひとつでもありますが、親の不安を解消し、自立を手助けするためにも、デジタル電波時計は有効です。また**老眼や白内障でカレンダーの文字が見えづらい人にも便利なので、高齢者を中心に売れている道具のひとつです。**

認知症になると今日が何日か分からなくなる

1か月分の日付が印刷された紙のカレンダーは、過去と未来の予定がひと目で分かるので便利ですが、**認知症になると、そもそも今日が何日で何曜日か分からなくなるので、カレンダーのどこを見たらいいかまで分からなくなります。**そのため認知症の親から、今日は何日、何曜日と何度も質問され、介護者は次第に強いストレスを感じるようになります。デジタル電波時計があれば、電池切れにならない限り時計が標準電波を受信するので、日付や時間が狂いません。紙のカレンダーの近くに置くと、見比べられるので便利です。また薬の飲み忘れが増えてきたら、薬のそばにデジタル電波時計を置いておくと、薬の袋に印字されている日付とデジタル電波時計の日付を照合できるので、飲み忘れが減らせます。

デジタル電波時計の便利な点

ゴミ出しなど、うっかり予定を忘れるのを防止する

今日の日付・曜日がわからない不安を解消

文字が大きく、見やすい

めくり忘れない

室温・湿度がわかり、熱中症を予防

デジタル電波時計の種類

種類	機能	価格の目安
マンスリー型	1か月すべての日付が表示される。字が小さいのが難点	6,000円前後
ウィークリー型	曜日ごとにアラーム時刻を繰り返し設定できる	3,000円前後
曜日拡大タイプ オススメ	時間よりも曜日の文字が大きく、曜日ベースで予定が入る人に便利	3,000円～5,000円
アナログ併用	時計の針で時間を見つつ、デジタル表示でも確認できる	3,000円～10,000円
部屋の快適さ表示	温度・湿度から季節性インフルエンザ、熱中症、カビ・ダニ、食中毒などのアラート	5,000円前後
広視野角液晶	どの場所からも見えるので、置く場所が限定されない	4,000円前後

スケジュール管理③【認知症】

30 予定を忘れがちな親をデジタルの力で支える

デジタルの強みを生かした予定管理

紙のカレンダーで予定の見える化やアナログ化を進めると、親も家族も予定を把握しやすくはなりますが、親のもの忘れが始まるとカレンダーそのものを見なくなる可能性があります。また親がカレンダーに予定を書いてくれない、1日に複数の予定を書くスペースがない、子が親の家に行く時間をとれず代わりに予定を書けないなど、アナログならではの難しさもあるので、困ったらデジタルの強みを活用しましょう。例えばスマホのカレンダーアプリを使えば、離れていても子が親の予定を登録・共有できます。もし、親がスマホを使っていない場合は、スマートスピーカーを活用してみましょう。親の家にネット環境が必要になりますが、**設定した時間になると音声で今日の予定を知らせる機能があります。**

スマートスピーカーに画面がついたスマートディスプレイは、音声と文字で今日の予定を知らせてくれます。ほかにも親が、「今日の予定は?」と声でスマートスピーカーに質問すると、「10時に、内科の予定が入っています」と、あらかじめ登録した予定を音声で返答してくれます。声だけで操作できるので難しい画面操作が不要で、高齢の親でも扱いやすいです。

スマートスピーカーの便利な機能

左表に、スマートスピーカーとディスプレイの便利な機能についてまとめました。**予定管理だけでなく、見守りカメラやテレビ電話の機能もある**ので、カメラを使った見守りの説得に苦労している方や親の顔を見ながら電話したい方にオススメです。ほかにも音声によるネット検索や音楽の再生など、生活に張り合いを与えてくれる機能が豊富にあります。

スマートスピーカーとディスプレイの違い

オススメ

機能	スマートスピーカー	スマートディスプレイ	音声操作の例
時計	○	○	「今の時間は?」
タイマー機能 アラーム機能	○	○	「朝6時にアラームをセットして」
スケジュール管理	○	○	「今日の予定は?」
メモ機能	○	○	「買い物リストにしょうゆを追加して」
調べもの	○	○	「今日の天気は?」「ニュースを流して」
テレビ電話	×	○	「○○に電話して」
見守りカメラ	×	○	カメラで親の様子を確認する
家電操作	○	○	「エアコンをつけて」 「テレビを消して」
フォトフレーム	×	○	子や孫の写真を親の家に表示する
音楽・動画再生	△	○	「美空ひばりの曲を流して」
ラジオ再生	○	○	「FM○○を流して」
料理レシピ	△	○	「肉じゃがの作り方を教えて」
価格の目安	2,000円〜15,000円程度	5,000円〜30,000円程度	

○:利用可能　×:利用不可
△:一部利用可能

31 薬の飲み忘れをなくすための道具

服薬管理

誤薬を防ぐために一包化をする

親が高齢になると持病が増え、薬の種類も増えるため、飲み忘れ・飲み間違い・飲みすぎが起きやすくなります。若い人に比べて薬の影響を受けやすい高齢者にとって、これらの誤薬は副作用につながったり、命に関わる危険性もあります。こうした**誤薬を防ぐ対策として、複数の薬を一つの袋にまとめる一包化があります。**一包化は医師の指示が必要になるので、まずは医師や薬剤師に相談しましょう。薬局で一包化してもらったほうが間違いありませんが、自分で一包化できる袋もネットで販売されています。

薬もお薬カレンダーを使って見える化する

親の服薬管理は、スケジュール管理（項目㉘参照）と同じように見える化すると安心です。薬局でもらった紙の薬袋に保管して管理するよりも、**お薬カレンダーを壁に貼り付けておくと、親にも家族にも服薬状況が分かりやすくなります。**また、飲み終わった薬の袋は捨てずに、お薬カレンダーに戻しておくと服薬した証拠になるので残しましょう。

服薬管理でもデジタルの活用が便利で、例えば1日4回も音声アラームをセットできる服薬管理用のデジタル電波時計や、スマートスピーカーやディスプレイの音声や文字で服薬を知らせる方法があります。またネットでレンタル・購入できる服薬支援ロボットは画面や音声で服薬を促すほか、薬を取り出した時間を指定した宛先にメールで通知したり、クラウド上で服薬状況を確認したりできる機種もあります。親の服薬を電話で確認する手間が省けて便利です。見守りツールの導入がうまくいかない場合は、薬の見守りから始めてみるといいでしょう。

高齢者に起こりやすい誤薬問題

問題点	内容
飲み忘れ、飲みすぎ	・薬の保管場所を忘れたり、薬を飲み終えたかどうかを忘れたりする
誤飲	・決められたタイミングとは違う薬を飲んだり、種類を間違えて飲んだりする ・包装シートを開けたと勘違いして誤飲し、食道に傷がつく
副作用	・複数の薬の服用による相互作用で副作用を起こす ・腎臓や肝臓の機能低下で薬が代謝、排泄されない

薬の飲み忘れを防止する道具

種類	特徴
ピルケース	飲み忘れや飲み違いが起きないよう、日・週・月単位で薬をケースに取り分ける
お薬アプリ	薬の時間になると、スマホのアラームや通知が鳴る。薬局によっては、お薬手帳と連動するアプリを提供している
服薬時計	1日に複数回アラームを鳴らせるデジタル電波時計
お薬カレンダー	タペストリー型のカレンダー。朝・昼・夜と月曜日から日曜日までのポケットがあり、薬の袋を入れて管理する
服薬支援ロボット オススメ	勝手に薬の取り出しができないよう鍵を掛けて管理し、飲むタイミングの設定ができる。服薬履歴の確認や通知もできる（販売価格は5万円〜）

32 車の運転が心配なときに知っておくべきこと

70歳以上の運転免許の更新は厳しくなった

危なっかしい親の車の運転にやきもきし、早く免許を返納してほしいと思っている子が親を説得する場合、まずは左図で70歳以上の免許更新の流れをおさえておきましょう。70歳から74歳までと、75歳以上で更新の流れが違っていて、いずれも教習所内で実車指導が行われます。ドライブレコーダーで運転の様子を録画して指導を受けるので、親自身が運転技術を改めて確認する機会になります。また75歳以上になると認知機能検査が加わり、医師の診断で認知機能の低下が認められた場合は、免許が取り消しになります。有効期間5年のゴールド免許を保有している人でも71歳以上は有効期間が4年、72歳以上は3年に短縮されています。

このように**講習や検査が多くなってかなり厳格化されているので、免許更新の難しさを親に説明すると返納してくれるかもしれません。**また親の車に同乗したり、車の小さな傷を確認してみたりして得られる**家族の気づきが大切ですし、運転する場所や時間、天候を絞って運転してもらう補償運転を親に促す方法もあります。**

サポカー限定免許制度の落とし穴

2022年から、サポカー限定免許制度がスタートしました。サポカーとは、衝突被害軽減ブレーキやペダル踏み間違い時加速抑制装置がついている車のことで、この機能がついていれば安心と思われるかもしれません。しかし条件次第では適切に作動しないケースがありますし、ドライバーによる機能解除ができてしまいます。この制度は普通車のみが対象で、装置を後から取り付けた場合は対象外です。

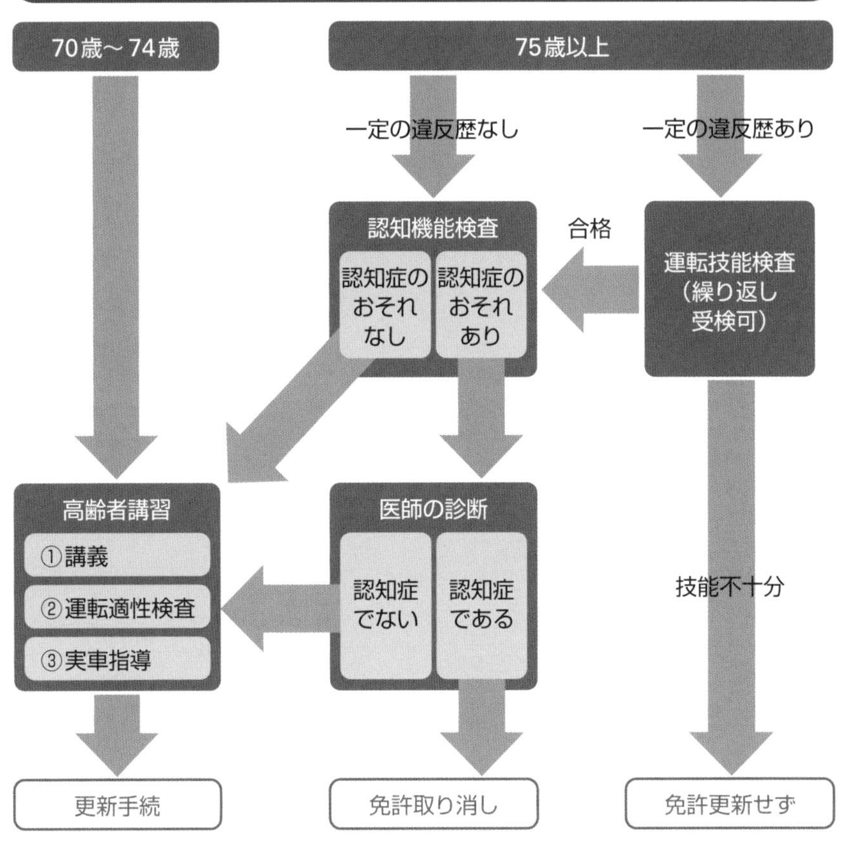

補償運転の例

- 夜は視界が悪いから昼間だけにする
- 雨の日は視界が悪いから晴れの日だけにする
- 運転は近所のスーパーに限定する
- 以前よりスピードを出さないように運転する
- 体調が悪い日は運転を控える

学生時代の得意教科に合わせて介護を変える

講演会終わりの食事中に、わたしとイラストレーターさんで医師の話を聞いていたとき、わたしと彼女とでは話の聞き方が180度違っていました。わたしは医師の話を頭の中で文字に変換し、文章にしながら聞いていたのに対し、彼女は頭の中に画を浮かべて、4コマ漫画にして話を組み立てて聞いていたのです。話の内容を頭の中で漫画に変換できるなんてすごいと言ったら、文章にできるほうがもっとすごいと言い返され、こんなにも人によって話の聞き方が違うのかと驚きました。

目や耳から入ってきた情報をどう理解し、どう整理をして、どう表現するかは人によって違います。これを認知特性といって、視覚優位者と言語優位者と聴覚優位者に分かれるそうです。視覚優位の人は、話を写真や映像に変換して考えるのが得意で、画家やカメラマンに向いています。言語優位の人は、難しい文章をすぐ理解できますし、物事を文字にして話を聞きます。聴覚優位の人は、文字を音にしたり音階にしたりしてから、情報を脳にインプットします。子どもの段階で認知特性を見抜き、得意分野を活かした職業を目指す人もいるそうです。

カレンダーで予定を見える化する話とデジタルを使って音声で予定を知らせる話の両方を書いたのは、高齢の親にも認知特性があると思ったからです。文字で書かれた予定に興味を示さない親でも、音で知らされた予定には反応するかもしれません。美術が得意だった親、作文で賞を取った親、音楽が得意だった親、それぞれで認知特性は違います。親の性格に合わせた介護アプローチはしていると思いますが、**認知特性にあった接し方や道具の選び方をしてあげると、親は不自由さから解放されやすくなります**し、子は介護がラクになるような気がします。

3章

介護保険で使える道具を見つけよう【介護初期～後期】

33 親の自立を最大限に引き出す福祉用具

フレイル

身体活動は運動と生活活動の組み合わせ

人が体を動かす身体活動は、運動＋生活活動で構成されています。子は親にもっと運動して欲しいと考えて、ムリに体操教室などに通わせますが長続きしません。**むしろ買い物や掃除などの生活活動のほうが比重は大きい**ので、家の中でたくさん動いてもらって、生活活動を積み重ねるほうが簡単かもしれません。第2章では親が家の中で生活するうえでの不自由さを取り除きながら、ここでいう生活活動を増やすための様々な工夫をご紹介してきました。

一般的には健康な状態から、介護が必要になる一歩手前を指すフレイル（虚弱）の状態を経て、要介護状態へと移行します。フレイルは目立った症状があるわけではないので、左下表のチェックリストを活用しましょう。たとえ親がフレイルになったとしても早期に発見して、身体活動や食生活の見直しを行ったり、かかりつけ医に相談したりすれば、健康な状態に戻る可能性があります。

福祉用具を利用して生活活動を増やそう

親の介護が必要になったとしても、手すりやスロープ、介護ベッドなどの**福祉用具をうまく活用すれば、自立の可能性を最大限に引き出す支援ができるのと同時に、自然と生活活動が増えるので、元気でいられる期間が延び、介護者の負荷も軽減されます。**

第3章では介護保険サービスを利用して、安くレンタルや購入ができる福祉用具をご紹介していきます。介護保険サービスを利用するための申請方法や、福祉用具のレンタルや購入までの流れ、福祉用具を使うタイミング、介護費用の節約や誰に相談すべきかなどについて、詳しく解説していきます。

健康寿命を延ばすことが鍵！

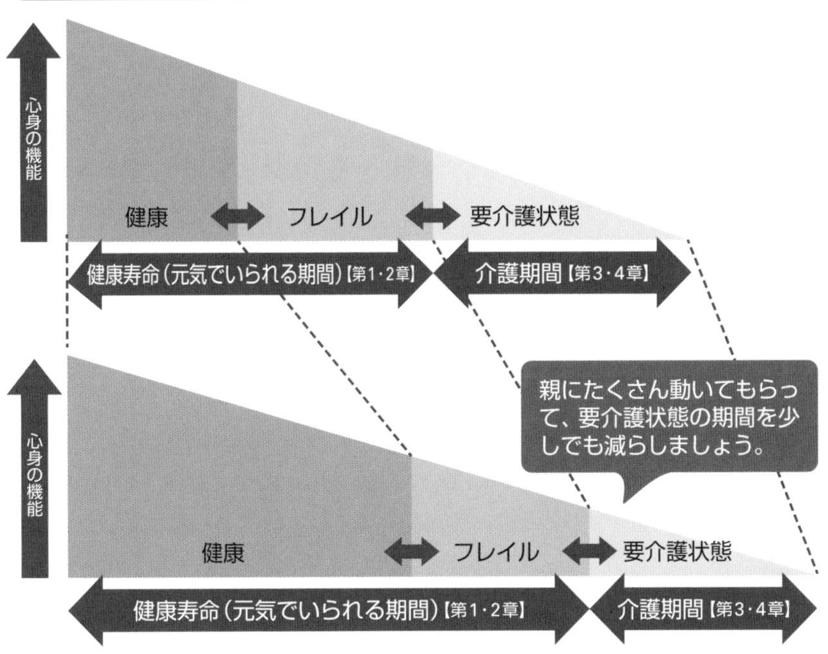

フレイルチェックリスト

No	質問	回答	
1	6ヶ月間で2~3 kgの体重減少がありましたか？	1. はい	0. いいえ
2	以前に比べて歩く速度が遅くなってきたと思いますか？	1. はい	0. いいえ
3	ウォーキング等の運動を週に1回以上していますか？	0. はい	1. いいえ
4	5分前のことが思い出せますか？	0. はい	1. いいえ
5	（ここ2週間）わけもなく疲れたような感じがする	1. はい	0. いいえ

出典：荒井秀典『介護予防ガイド』（平成30年度老人保健事業推進費等補助金（老人保健健康増進等事業）「介護予防の取り組みによる社会保障費抑制効果の検証および科学的根拠と経験を融合させた介護予防ガイドの作成」国立研究開発法人 国立長寿医療研究センター、2019年）

3点以上でフレイルの可能性があり、フレイルの2年後に要介護状態になるリスクが高いといわれています。

介護保険制度①

34 介護保険サービスを利用しよう

介護保険サービスの利用は要介護認定から

介護保険サービスを利用するためには、左図のとおり要介護認定の申請から始めます。本人または家族による申請か、あるいは相談先である地域包括支援センター（以下、包括。付録2参照）が代行で、親が住む市区町村の介護保険窓口に申請してくれます。申請後は調査員の訪問による認定調査とかかりつけ医（不在のときは市区町村指名の医師）の書いた主治医意見書で判定が行われ、原則30日以内に7段階の介護度が決定します。この介護度によって、受けられるサービス（次項参照）と支給限度額（付録4参照）の上限が決定します。上限額の範囲内であれば、利用者の負担は1割から3割までとなりますが、上限額を超えてサービスを利用すると、超えた分は全額自己負担しなければなりません。

ケアプランの作成には家族も参加する

要介護度が決まった後は、親の生活状況や家庭環境などのヒアリングを元にケアプラン（介護保険サービスを利用するための計画書）の原案を作成します。要支援の人が利用するサービスは予防給付と呼ばれ、包括が主体となって原案を作成します。要介護の人が利用するサービスは介護給付と呼ばれ、ケアマネジャー（以下、ケアマネ）が主体となって（付録3参照）、親にあった介護保険サービスの組み合わせが提案されます。親の意向に加え、家族の介護への参加状況によってもサービス内容は変わります。**家族は日常の困り事をまとめるなどの情報提供をして、ケアプラン作成には積極的に参加しましょう。**ケアプランは親に合ったサービス内容になっているか、過不足はないかなど定期的に見直しが行われます。

要介護認定の申請からサービス利用までの流れ

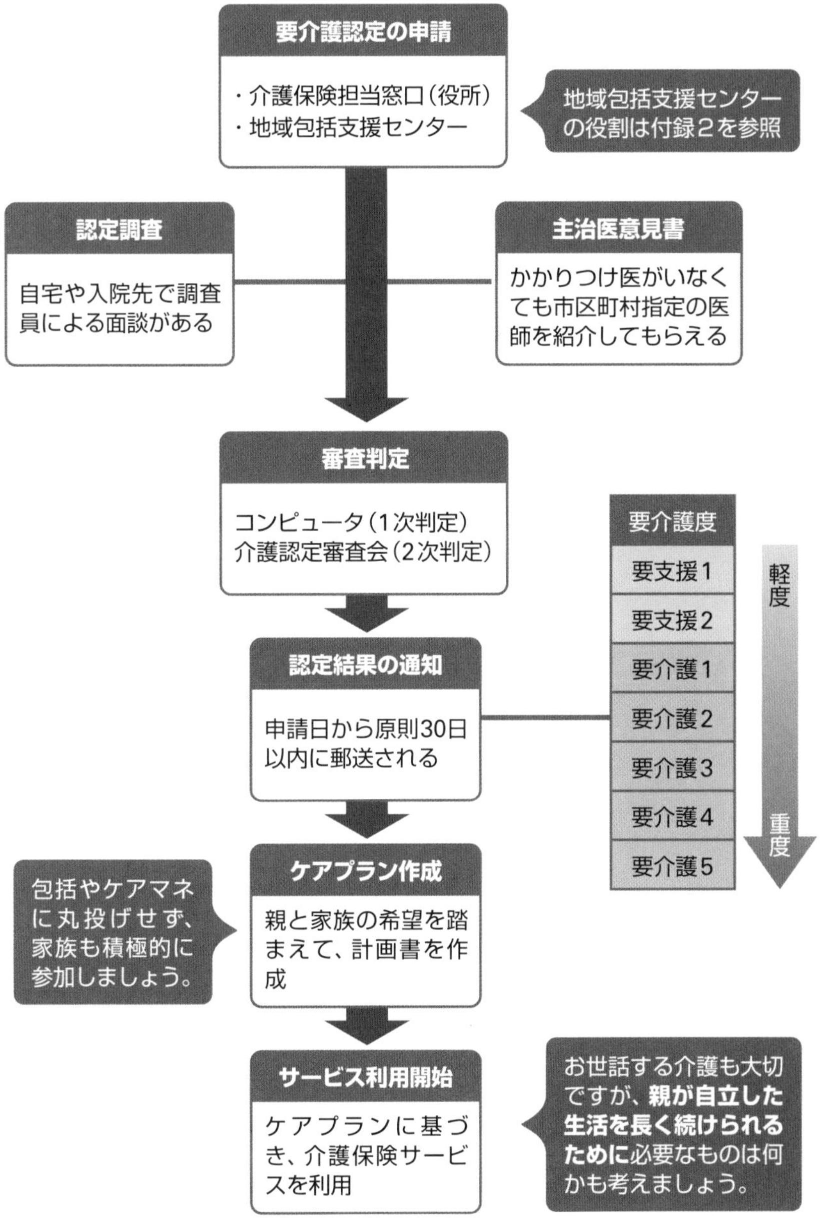

要介護認定の申請

・介護保険担当窓口（役所）
・地域包括支援センター

地域包括支援センターの役割は付録2を参照

認定調査

自宅や入院先で調査員による面談がある

主治医意見書

かかりつけ医がいなくても市区町村指定の医師を紹介してもらえる

↓

審査判定

コンピュータ（1次判定）
介護認定審査会（2次判定）

↓

認定結果の通知

申請日から原則30日以内に郵送される

要介護度
要支援1
要支援2
要介護1
要介護2
要介護3
要介護4
要介護5

軽度 → 重度

↓

ケアプラン作成

親と家族の希望を踏まえて、計画書を作成

包括やケアマネに丸投げせず、家族も積極的に参加しましょう。

↓

サービス利用開始

ケアプランに基づき、介護保険サービスを利用

お世話する介護も大切ですが、**親が自立した生活を長く続けられるために**必要なものは何かも考えましょう。

介護保険制度②

35 どんな介護保険サービスが受けられる？

人の手を借りるより実は利用が多い福祉用具

介護保険で受けられるサービスを、左表にまとめました。介護保険サービスは、ヘルパーやデイサービスなど人の手を借りて行う介護をイメージする方のほうが多いと思います。しかしサービスの利用者数を調べると、重複もありますが、**実は福祉用具を利用している人のほうが多いのです。**その割に介護者から福祉用具の話題が出にくいのは、レンタル費用が月数百円程度と安く、ほかのサービスほどお金の面で気になりにくいのと、問題なく福祉用具を利用できていると、介護職とのコミュニケーションがあまり発生しないからだと思います。介護が始まったあとでも、元気なうちは人の世話にはなりたくない、自分の力で何とかしたいと考える親は多くいます。そのため要介護認定を受けてもらえなかったり、他人を家に入れたがらなかったりして、介護保険サービスの利用が進まないケースもあります。しかし福祉用具は使ってみたいという人もいるので、サービス利用のきっかけになるかもしれません。

福祉用具はレンタルと購入の2種類

福祉用具の利用は、レンタルと購入の2種類があります。レンタルは、介護保険で決められた13種類の中から借りられます。購入は利用者の肌に直接触れ、再利用が難しい入浴補助道具や腰掛便座（ポータブルトイレほか）などが対象です。どちらも要支援1から利用可能ですが、レンタルは要介護2以上になると利用できる種類が増えます。（項目㊳参照）

介護施設への入居後も福祉用具のレンタルを続ける場合には、施設の種類によって介護保険が適用されずに、全額自己負担になるケースがあります。

介護保険で受けられる主なサービス

場所	サービスの種類		サービスの内容	年間 実受給者数
在宅	来て もらう	訪問介護	ホームヘルパーが自宅に来て身体介護や生活援助を行う	1477.3
		訪問看護	看護師が自宅を訪問し、医療的ケアを行う	810.6
		訪問入浴	ヘルパーや看護師が簡易浴槽などを積んで自宅を訪問し、入浴介助する	135.4
		訪問リハビリテーション	作業療法士や理学療法士が自宅を訪問し、リハビリを行う	166.9
		居宅療養管理指導	自宅で医師や薬剤師などから、管理・指導を受ける	1218.2
	通う	デイサービス	デイサービスの施設に通って、食事や入浴、レクリエーションなどをする	1572.6
		デイケア	老健、医療施設などに通って、リハビリテーションを受ける	595.7
	借りる	福祉用具貸与	ベッド、車椅子、手すりなどの福祉用具を借りる	2578.1
	泊る	ショートステイ	福祉施設や医療施設に短期間入所する	725.1
			居宅サービス合計	4062.7

居宅サービス利用者の約60%が福祉用具貸与を利用しています。

場所	サービスの種類		サービスの内容	年間 実受給者数
施設	預ける	特別養護老人ホーム	原則要介護3以上でないと入居できない。月額料金が安いので、人気があり待機者が多い	1291.9
		老人保健施設	専門職によるリハビリで在宅復帰を目指すため、原則は3か月の入居になる	
		介護医療院	医療ニーズのある被介護者の長期療養と生活支援を目的にした施設	

（令和2年度：単位千人）

出典：厚生労働省「令和2年度　介護給付費等実態統計の概況（令和2年5月審査分～令和3年4月審査分）」より著者作成

福祉用具貸与と特定福祉用具

36 福祉用具のレンタルや購入で知っておくべきこと

福祉用具のレンタルにはモニタリングがある

左図は福祉用具をレンタルするまでの流れです。ケアプラン作成時に、まずは親が必要とする福祉用具の種類を決めます。その後、包括やケアマネから紹介のあった福祉用具業者が自宅などに来て、親の身体状況や家族の介護状況、住環境などから適切な福祉用具を提案・選定し、組立と商品説明を行って、契約を結びます。**福祉用具のレンタル中は不具合の点検など、定期的なモニタリングが行われますし、親の体に合わなくなった場合は返却できます。**福祉用具レンタルは、項目㉞で説明した要介護度に応じた支給限度額に含まれます。仮に介護ベッドをレンタルして限度額を超過し、それでも限度額内に抑えたままベッドを使う場合は、デイサービスなどほかのサービスを減らすなどの調整が必要になります。

福祉用具購入の注意点

肌に直接触れる腰掛便座や入浴補助用具などは特定福祉用具と呼ばれ、レンタルではなく購入となります。介護保険では、4月1日から翌年3月31日の1年間で10万円分の購入が可能です。介護保険は所得に応じて自己負担割合が1割から3割になるので、実際の支払いは1万円から3万円までとなります。**特定福祉用具の購入は、要介護度に応じた支給限度額とは別枠の扱いになります。**購入には左の注意点があるので、賢く利用して介護費用を節約しましょう。また都道府県指定の福祉用具業者から購入しないと介護保険の対象にはならず、ホームセンター等での自己購入は含まれません。支払いは利用者が負担割合分だけを払うか、一時的に10割負担するかに分かれます（付録5参照）。

福祉用具レンタルの流れ

指定福祉用具業者		利用者・家族		包括・ケアマネ
	③福祉用具の選定・アドバイス →			
	④利用計画書作成 納品・組立・説明 →			
	← ⑤支払い		← ①ケアプラン作成	
	⑥モニタリング →			
	← ⑦解約・引き取り			
	← ②連絡調整			

特定福祉用具 購入の注意点

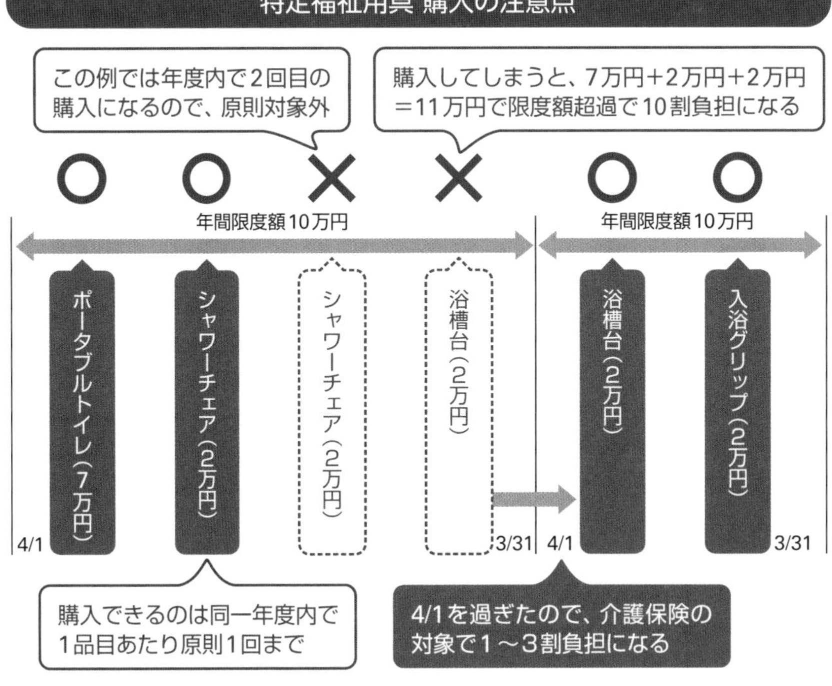

37 介護保険の杖やベッドは市販のものと何が違う？

介護保険対象の福祉用具には評価基準がある

杖や介護ベッドはたとえば百貨店など一般のお店でも販売されていて、誰でも気軽に購入できます。それらと介護保険の対象となっている杖や介護ベッドとでは、いったい何が違うのでしょう？

厚生労働省は福祉用具を、介護が必要な高齢者の日常生活を助け、身体の機能訓練をするための用具とし、在宅での自立を支援するものを介護保険の対象にしています。利用者や介助者の負担軽減をデータとして実証し、不要な機能は付与せず価格を低く設定しています。また**利用中に危険が生じた場合の対応策を示していて、有効性、安全性、公平性などの視点から厳しく評価して選んでいます。**市販されている物の中には安全基準を満たしていない杖などが販売されているので、注意が必要です。

福祉用具の継続利用で進行が遅くなる場合も

介護保険の利用が可能になったら、**介護保険対象の福祉用具を優先して使ったほうが安全面においても、経済的にもお得です。**ただし介護度によっては介護保険の対象外になる福祉用具もありますし、3年ごとに行われる介護保険制度の改正で、対象になる介護度の範囲が小さくなっているのが現状です。

左の2つのグラフは、福祉用具を1年間継続使用した利用者とそれ以外の介護サービス受給者の要介護度の変化を追跡した結果です。介護サービス受給者全体よりも福祉用具を継続して利用していた人のほうが、要介護度が軽度化（改善）している割合が高くなっています。親の自立を支援するだけでなく、介護が始まったあとでも**介護度が重くならない、現状を維持するために福祉用具は役に立ちます。**

福祉用具継続利用者の要介護度変化（1年間）

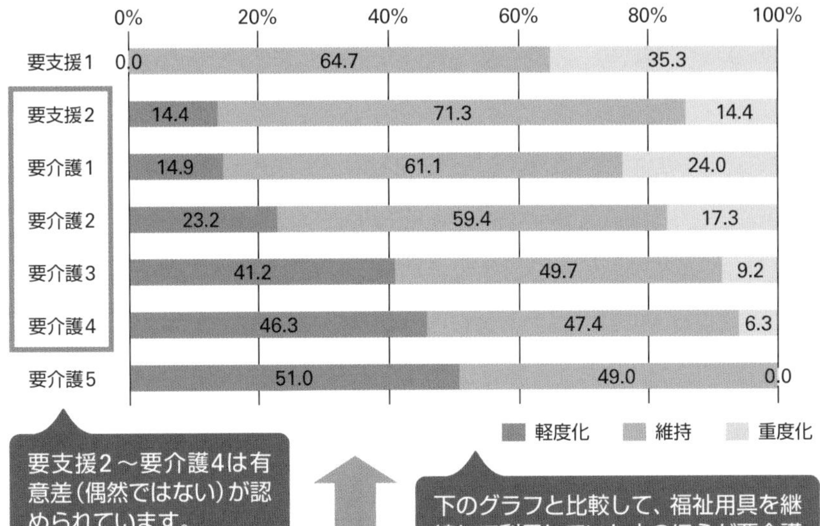

要支援2～要介護4は有意差（偶然ではない）が認められています。

下のグラフと比較して、福祉用具を継続して利用していた人のほうが要介護度の維持・軽度化になっています。

介護サービス受給者の要介護度変化（1年間）

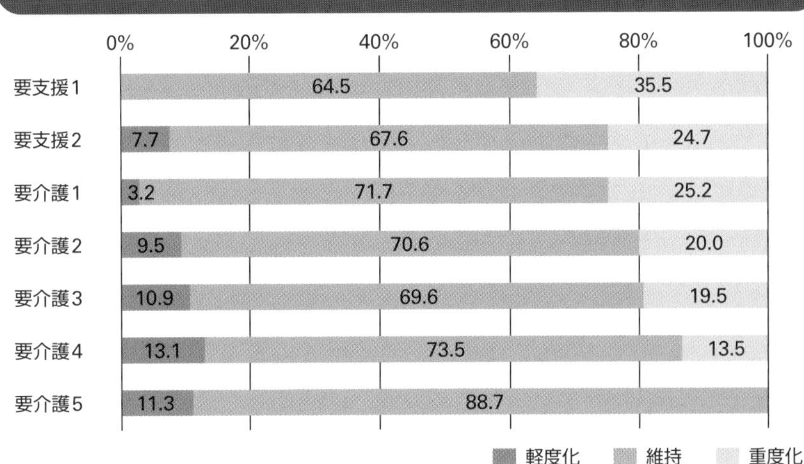

出典：日本福祉用具供給協会「福祉用具及び住宅改修に関するエビデンス構築に向けた研究事業 主な調査結果（福祉用具利用者の追跡調査）」（2019年）

福祉用具にかかるお金

38 福祉用具レンタルと一般のお店での購入、どちらがお得？

対象の介護度でなくても借りられる場合もある

レンタルできる福祉用具の種類は左表のとおり、要支援1からと要介護2からに分かれますが、あくまで原則なので医学的な所見やケアマネから必要と判断され市区町村に申請して認められれば、対象の介護度でなくても利用できます。

介護費用を節約するためにレンタルを活用する

杖や介護ベッドなどは、介護保険を使わずに一般のお店でも購入できますが、介護保険でレンタルしたほうが多くのメリットがあります。例えば、退院直後の親にはリクライニング機能付きの介護ベッドが必要でも、元気になれば不要になるかもしれません。**レンタルであれば福祉用具業者へ返却できるため、廃棄の必要もありません。**また実際に使ってみないと福祉用具の良し悪しが判断できない場合でも、1週間程度のお試し期間を設けている業者もあるので、借りられるか相談してみましょう。使い始めたあとでも、使い勝手がよくなかったら返却して別のものに変更できますし、**親の身体状況や家族の介護状況に合わせて、最新モデルへの借り換えもできるので、親の自立を長く保てる可能性もあります。**福祉用具のレンタルは、左下表のとおり購入と比べて費用の負担が少ないうえに、こうしたメリットもあります。もし要介護1でレンタル対象外の介護ベッドが必要になり認められなかったとしても、自費でレンタルを行っている福祉用具業者もあります。他人の使用したレンタルのベッドには寝たくないと言う人もいるので、もちろん購入の選択肢はありますが、福祉用具のレンタルにはこれだけのメリットがあることを覚えておいてください。

要介護度別の福祉用具レンタルと1か月費用の目安

No	福祉用具の種類	詳細	要支援1・2 要介護1	要介護2・3	要介護4・5	自己負担額の目安（1割）
1	手すり	取付工事を伴わないものに限る	○	○	○	250円〜500円
2	スロープ	取付工事を伴わないものに限る	○	○	○	300円〜700円
3	歩行器	車輪付き、4点で支える	○	○	○	300円〜450円
4	歩行補助杖	多脚杖や松葉杖など（1本杖は対象外）	○	○	○	150円
5	車椅子	自走式、介助式、電動式	×	○	○	300円〜3,000円
6	車椅子付属品	クッションなど	×	○	○	50円〜500円
7	介護ベッド（特殊寝台）	サイドレール取付可能なもの	×	○	○	700円〜1,400円
8	特殊寝台付属品	マットレス、サイドレールなど	×	○	○	50円〜400円
9	床ずれ防止用具	エアマットなど	×	○	○	500円〜1,200円
10	体位変換器	エアマットの下に入れて体の位置を変える	×	○	○	100円〜300円
11	認知症老人徘徊感知機器	センサーで感知し、家屋などに通報	×	○	○	700円
12	移動用リフト	取付工事を伴わないものに限る	×	○	○	1,000円〜5,000円
13	自動排せつ処理装置	排泄物を自動で吸引する	△	△	○	1,000円

△：尿のみを吸引するものは利用可能
＊レンタル価格は種類、事業所によって異なります

福祉用具レンタルと一般のお店との購入比較

福祉用具	購入費用の目安	レンタル費用の目安（円） レンタル期間		
		1年間	3年間	5年間
車椅子	2万〜20万円	16,800	50,400	84,000
介護ベッド	8万〜30万円	12,600	37,800	63,000

車椅子や介護ベッドなど高額な福祉用具ほど、初期費用が抑えられるレンタルを検討すべきです。

利用期間にもよりますが、メンテナンス、借り換え、廃棄費用まで考えるとレンタルがお得です。

39

福祉用具に関する資格

福祉用具は誰に相談したらいい？

福祉用具に関する専門資格がある

福祉用具業者には、**福祉用具の専門家である福祉用具専門相談員（以下、本書では専門相談員）が所属しています。**最新の福祉用具の情報や使い方を熟知し、身体状況や住環境にあった用具の選定やアドバイス、調整やメンテナンスを行うための公的な資格で、50時間の指定講習を修了すると誰でも取得できます。住宅メーカーやホームセンターなどにも在籍していますが、やはり在宅介護の現場での経験が豊富な専門相談員が最も頼りになります。

ほかにも福祉用具プランナーという民間資格があり、福祉用具の相談実務業務に2年以上従事しないとなれません。福祉住環境コーディネーターは、高齢者や障がい者のために自宅で住みやすい住環境を提案するアドバイザー資格で、住宅改修（項目50参照）のコーディネートができます。資格保有は目安でしかありませんが、覚えておくといいでしょう。

親の状態変化は福祉用具の替えどき

介護に関する困り事は、窓口である包括やケアマネに相談する家族がほとんどですが、福祉用具に関しては専門相談員の力を借りましょう。必ずしもケアマネが福祉用具の専門的な知識があるとは限りませんし、多くの新商品が日々開発されているため、詳細まで追えていないケースがあります。

新しく福祉用具が必要になったり、変更を考えたりするタイミングはすなわち、親の身体状況に変化があったという意味です。**ケアマネに状況を報告しつつ、専門相談員にも直接介護の状況を説明して、最適な福祉用具を選定してもらったほうが、親に合った福祉用具に出会える確率が上がります。**

福祉用具に関する主な資格

福祉用具プランナー

在籍場所：福祉用具専門業者、ホームセンターの福祉用具売り場など

福祉用具プランナーは実務経験が2年以上あるので、頼りになります。

福祉用具専門相談員

在籍場所：福祉用具専門業者、ホームセンターの福祉用具売り場など

・介護福祉士や看護師などの国家資格保有者は指定講習が免除され、資格要件を満たしています。ただ実務経験が伴っていない場合もあります。

・家族自ら専門相談員を探すケースはほぼありません。ケアマネに紹介されることが多いので、資格は参考程度に覚えておきしょう。

福祉住環境コーディネーター

在籍場所：福祉用具専門業者、リフォーム業者、住宅メーカー

2級を持っている人は、住宅改修の理由書を自分の名前で書くことができます。福祉用具専門業者のほか、建築関係の会社にも在籍しています。

福祉用具は誰に相談しているか？

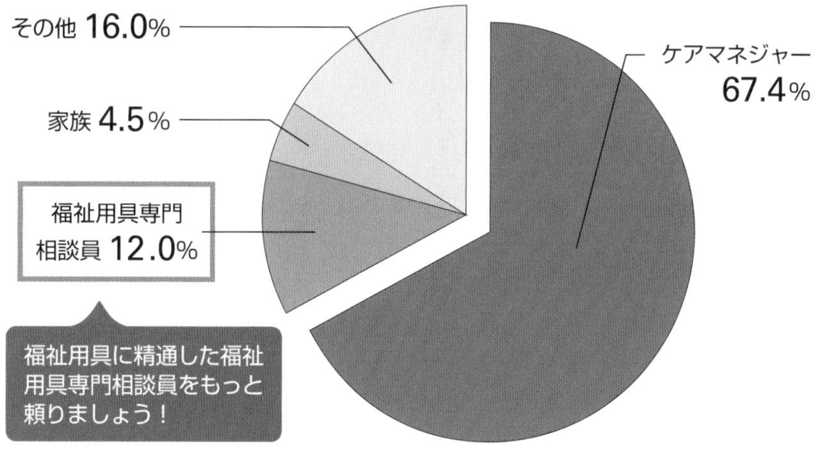

出典：平成19年度調査研究事業 老人保健健康増進等事業
「市場機能の適正化に向けた情報提供システムの在り方 編 報告書」（シルバーサービス振興会）

福祉用具の選び方

40 いい福祉用具に出会うために家族が知るべき4か条

福祉用具専門相談員が見る4つの視点

専門相談員は、福祉用具をただ選定しているわけではありません。**本人の自立力や、家族や頼っている介護職などの介護力、福祉用具そのものの道具力、最後に住環境を加えた4つの視点から本人にあった福祉用具を選んでいます。**親の状態だけを見て福祉用具を選ぶと失敗しますし、家族がホームセンター等で福祉用具を購入して失敗する理由も、道具の機能や価格のことしか考えていないからです。

左表は住環境を除く3つの力の合計を100としたときに、力の割合に応じて介護のタイプを3つに分けたものです。タイプ1の元気バリバリ自立型は親が元気で自立心が強く、介護も道具も補助的な役割でしかない状態です。タイプ2の介護者サポート型は、親の自立力は落ちてきているものの、家族やヘルパーなどの介護力が高く、道具は補助的でも構わないという状態です。タイプ3の福祉用具依存型は、親の自立力も周りの介護力も低下していて、福祉用具の力をたくさん借りるしかない状態です。今の介護は、どのタイプに当てはまりますか？　福祉用具にどの程度頼るか、イメージしてみましょう。

福祉用具は専門相談員の力を借りて選ぼう

本書では福祉用具の種類や選び方を覚えるのではなく、専門相談員に用具を選定してもらう前提で話を進めます。そのために家族が知るべき4か条をまとめ、以降の福祉用具の説明ページも4か条を意識した構成にしました。親が自宅で生活するうえで感じている不便さや、介護者が感じている介護の負担をもれなく専門相談員に伝えたほうが、自分ひとりで購入するよりもいい福祉用具に出会えます。

福祉用具で支える介護の3タイプ

タイプ1	元気バリバリ自立型	タイプ1の例	
自立力 60 / 介護力 20 / 道具力 20		自立力	他人の力は借りたくないと言っている
		介護力	週1回程度、ヘルパーが家に入る
		道具力	転倒の恐れがある場所にスロープを設置する
タイプ2	介護者サポート型	タイプ2の例	
自立力 30 / 介護力 40 / 道具力 30		自立力	手助けがあれば、食事やトイレなどひとりでできる
		介護力	介護者は体力があり、かつ介護の時間を十分にとれる
		道具力	杖で歩いてもらい、転倒の危険があるところだけ歩行介助する
タイプ3	福祉用具依存型	タイプ3の例	
自立力 10 / 介護力 20 / 道具力 70		自立力	ひとりでは起き上がりや移動が難しい
		介護力	介護者が高齢であり、体力に自信がない
		道具力	介護ベッドのリクライニングで背上げや脚上げをする

いい福祉用具に出会うために家族が知るべき4か条

❶ 福祉用具は介護保険でレンタル・購入できる

❷ 福祉用具は福祉用具専門相談員に相談する

❸ 親や介護者の困りごとは、部屋や目的別に把握する

❹ 親の生活動線や動きを把握し、できれば動画でも残しておく

ケアマネジャーと福祉用具

41 いい福祉用具との出会いにはケアマネジャーも大切

福祉用具選びにケアマネが重要になる理由

福祉用具利用のきっかけは、左表の調査結果のように親自身や家族の希望、ケアマネからの提案が多いようです。また項目39のグラフのとおり、家族は福祉用具の相談をケアマネにすることが多いです。

例えば、親から「浴槽をまたぐのがつらい」と言われてケアマネに相談した場合に、デイサービスでの入浴を勧められるかもしれませんし、福祉用具に関する知識が豊富なケアマネなら、浴槽手すりの購入を提案されるかもしれません。両方の選択肢を提示してもらえればありがたいのですが、介護に関する知識が乏しい家族であれば、ケアマネの片方の提案だけを採用してしまって、そのまま介護の方針になってしまいます。**できれば介護家族も、本書にあるレベルの福祉用具の知識があるといいでしょう。**

ケアマネが選ぶ福祉用具業者の傾向

福祉用具業者は家族自ら選定するケースは多くないので、左図でケアマネがどんな業者を好むのか知っておくといいでしょう。1位はスピードで、必要なときにすぐ対応してくれる業者が好まれるようです。2位は担当者の人柄で、ケアマネが選んだ専門相談員であれば、おそらく信頼できると考えていいでしょう。6位の価格の安さは、全く同じ福祉用具を扱っているのに、実は業者によって価格差があります。ただ利用者の負担割合が1割の場合、1000円の価格差でも支払いは100円の差になるので、高額な福祉用具でなければ、価格差はあまり気にならないと思います。**ケアマネとの信頼関係を維持していくためにも、ケアマネと専門相談員の両方と福祉用具の情報を共有しましょう。**

福祉用具レンタル利用のきっかけ(複数回答)

理由	割合(%)
自宅で生活する中で本人・家族が福祉用具の利用を希望した	56
自宅で生活する中でケアマネが福祉用具の利用を本人・家族に提案した	50
退院・退所で自宅での生活に向けて、本人・家族が福祉用具の利用を希望した	24.5
退院・退所で自宅での生活に向けて、ケアマネが福祉用具の利用を提案した	23.1
退院カンファレンスで、リハビリ職が本人家族に提案した	14
退院カンファレンスで、福祉用具専門相談員が本人家族に提案した	10.2

出典：介護保険の福祉用具における効果的なサービス提供に関する調査研究事業報告書
(株式会社三菱総合研究所 2022年3月)

ケアマネが福祉用具事業者の選定で最も重視する項目

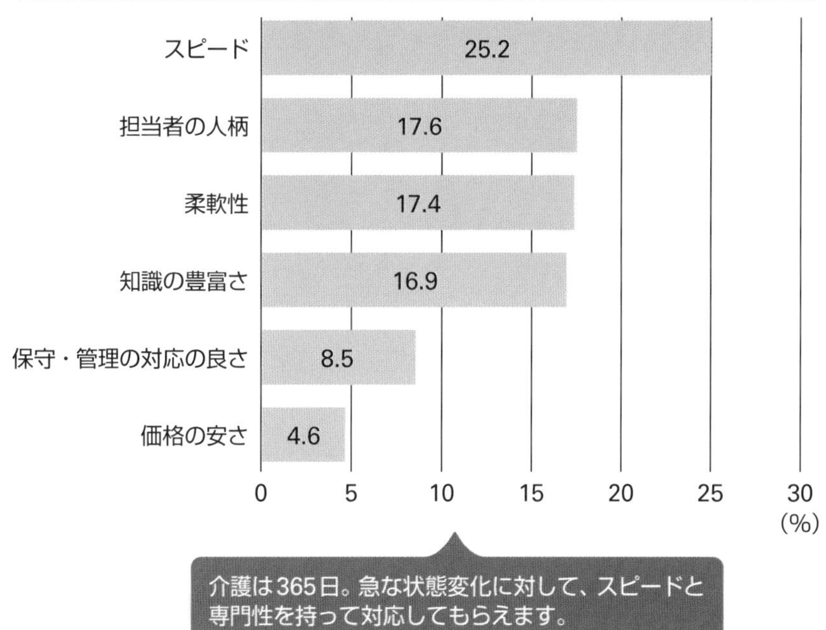

出典：福祉用具の貸与価格の上限設定に関する意識調査（エス・エム・エス「ケアマネドットコム」2017）

福祉用具レンタル①

42 親を転倒させないために大切な手すり

いい福祉用具に出会うための本書の使い方

ここからは、介護保険でレンタルされる上位の福祉用具に絞ってご紹介していきます。福祉用具が必要になりそうなタイミングを、表にまとめました。もし合致するようなら包括やケアマネ、専門相談員に相談してみましょう。その後は専門相談員に福祉用具を選定してもらってレンタルしますが、**福祉用具は種類が多く選定が難しいので、家族は親の状態や困り事、希望をもれなく伝えることに集中しましょう。**そのためのヒントも表にまとめました。また、最低限知っておいたほうがいい福祉用具の役割や種類、毎月かかるレンタル費用もまとめてあります。

手すりはレンタル以外に「住宅改修」もある

手すりの役割は、**つまずきやすい段差のある場所に設置して転倒を防止するためや移動をスムーズにするため、立ち上がりの補助に使われます。**手すりがあれば親は自分の力を使って行動できるので、介助する回数が減ります。レンタルの手すりは工事が不要で、すぐに設置も撤去もでき、賃貸でも安心です。わが家では玄関の段差を解消するために、床に置いて使う置き型のステップ台付き手すりを借りていますし、立ち上がりを補助するための置き型手すりも借りています。ほかにも床と天井を支えにして使う突っ張り型やトイレ専用手すりなどもレンタルできます。レンタルの手すりで対応できない場所は、住宅改修（項目50参照）を利用して壁の工事を行う必要がありますが、申請にも工事にも時間がかかってしまいます。壁に手垢が残っている場所は、親が移動や立ち上がりで手をよくつく証拠なので、専門相談員に伝えるといいかもしれません。

手すりが必要になるタイミング

Check！

寝室・居間	□	ベッドや布団からの立ち上がりが難しくなった
	□	ソファや座椅子からの立ち上がりが難しくなった
	□	出入口からベッドまでの移動に時間がかかっている
玄関	□	段差の昇り降りに苦労している
	□	履物の着脱でふらついている
	□	門扉から玄関までの移動に時間がかかっている
廊下・階段	□	壁の伝い歩きでバランスを崩している
	□	安定した昇り降りができていない
浴室（項目㊼参照）	□	浴槽をまたぐのがつらくなった
	□	浴室内の移動が難しくなった
	□	脱衣所での服の着脱でふらついている
トイレ	□	体の向きを変えづらくなった
	□	立ち座りに時間がかかっている
	□	座っている姿勢を維持できなくなった
レンタル価格（1か月）	1台　250円～500円（介護保険1割負担）	

専門相談員への情報提供	・手すりがないときにつかまっているものは何か？ ・親に動作を再現してもらうか、動画で提供する

置き型手すり

玄関用手すり（ステップ台つき）

トイレ用手すり

福祉用具レンタル②

43 杖で歩行機会を増やして長生きを勝ち取ろう

よく見かけるT字杖は介護保険の対象外

杖の役割は、**不自由な足への体重負荷を軽減したり、バランスを崩したときの支えになったり、3本目の足になって歩行にリズムをつけてくれたりします**。人間にとって「歩くこと」は特に大切で、歩行速度が速い人ほど生活機能を維持していて、寿命も長いという調査結果もあります。屋内では杖を使わずに手すりや壁伝いで歩ける人でも、屋外で歩くためには杖が必要になる場合もありますが、年寄りのイメージが強い杖を恥ずかしいと感じて使わない人もいるようです。また傘や棒を杖代わりに使う人がいますが、滑って転倒のリスクがあります。よく見かけるT字型のグリップにシャフトがついたT字杖（一本杖）は、自立歩行できる人の補助的な役割を果たしますが、**介護保険ではレンタルできません**。T字杖は、支えになるものがすぐ欲しいからとホームセンターなどで購入する方が多くいます。自立できる人向けなので問題ないのですが、近くに福祉用具を専門に扱う店があったら、そちらで購入したほうが親の体に合った杖を豊富な種類の中から選定してもらえますし、アフターフォローも万全です。

介護保険でレンタルできる杖の種類

介護保険でレンタルできる杖には、主に握力が弱い人が使うロフストランド杖、バランス保持が難しくなってきた人向けの多脚杖、最も重い負荷を掛けられる松葉杖などがあります。これらの杖を使う際には、医療・介護職からの提案でレンタルしているはずなので、名称を覚える必要はありません。ただ腕の力とバランスに応じて杖の種類は変化していくことを覚えておくとよいでしょう。

杖が必要になるタイミング

Check !

身体	□	腰やひざの関節に痛みが出てきた
	□	猫背・前かがみの姿勢になってきた
	□	握力が低下してきた
	□	身体に麻痺が出てきた
	□	複数の薬を飲んでいてふらつく
屋外	□	青信号の間に横断歩道を渡れなくなった
	□	障害物のないところでも転ぶようになった
	□	転倒が怖くて、外出機会が減っている
	□	自立歩行で長い時間歩けなくなってきた
屋内	□	階段の昇り降りで手すりがないと不安に感じる
	□	片足立ちで靴下が履けなくなった
レンタル価格（1か月）	1本　150円（介護保険1割負担）	

項目⑨の転倒危険度チェックリストも改めて確認しましょう

専門相談員への情報提供	・目的を伝える（主に屋外で歩くためなど） ・普段歩く動線の状況（段差、側溝など） ・身長

福祉用具レンタル③

杖での歩行が厳しくなってきたら使う歩行器

価格は1・5万円～4万円程度で、自治体によっては補助金が出ます。種類の多いシルバーカーは、福祉用具を扱うお店で選んだほうが確実で安心です。

歩行器を使う環境をチェックしておく

歩行器は医療・介護職の提案からレンタルを始める場合が多いので、家族は利用する場所や生活動線、使う目的を明確にしておきましょう。屋内は段差が少なく平面が多いので安定しやすいですが、廊下や出入口の幅が狭いと歩行器が通れません。屋外は段差が多く、路面状況に左右されやすいですし、坂道ではブレーキの使用が必要になります。また若干の操作が必要になるので、操作の理解も大切です。

歩行器もシルバーカーも、買い物など荷物を入れるタイプや電車やバスの移動でも持ち上げやすい軽量タイプ、小さく折りたためるタイプがあります。

歩行器によく似たシルバーカーは保険対象外

杖を使っていた方の腕の力が弱くなり、バランスが取りづらくなって、自立した歩行が難しくなると歩行器に移行します。**歩行器に体を預けることで体重負荷を軽減できますし、歩行が安定して歩行距離が伸びるので、活動量を増やすことができます。**歩行器や、歩行器の一種で車輪のついた歩行車は介護保険でレンタルできますが、街でよく見かける見た目がよく似た**シルバーカーは保険対象外で、自費での購入になります。**シルバーカーは自立歩行できる人向けで、歩行をサポートしつつ、荷物を入れたり、外出先で座って休んだりできますが、歩行器ほど安全性は確保されていません。例えばシルバーカーの場合は体重を預けると車が移動して転倒のリスクがありますが、歩行器は倒れない設計になっています。

歩行器が必要になるタイミング

Check !

身体	□	杖だけの補助だと不安になってきた
	□	杖を使っていたが肩や手首が痛くなってきた
	□	歩行距離が短くなってきた
	□	歩行速度が落ちてきた
	□	退院直後で歩行訓練が必要になった
屋外	□	移動途中で座って休むようになってきた
	□	買い物の荷物を運ぶのが困難になってきた
	□	坂道を歩くのが不安だ
レンタル価格（1か月）	1台　300円～450円（介護保険1割負担）	

専門相談員への情報提供	・屋内でよく使う動線はどこか ・バスや電車での移動の際に使うかどうか ・よく利用する屋外の道路状況はどうか ・通常、買い物する量はどれくらいか ・握力はしっかりあるか ・歩行器を持ち上げられる上半身の力はあるか ・認知症の症状があるかどうか（ブレーキの扱いや折り畳み方が分からない場合がある）

固定型歩行器

歩行車

シルバーカー

歩行車とシルバーカーの違いのひとつがハンドルです。歩行車は体を囲う形になっていて、安定感があり安全です。

福祉用具レンタル④

45 車椅子の選び方次第で生活も介護負荷も変わる

車椅子は付属品を含め種類が豊富

車椅子には**移動のための「車」の役割と、体に障がいや変形のある人の座位をサポートする「椅子」の役割があります。**移動の困難さを解消するだけでなく、腰痛や麻痺、筋力の低下などで楽な姿勢のまま長く座っていられない方の補助にもなります。ほかにも、ベッドや便座への乗り移りをラクにする役割もあります。要介護4の利用者が最も多いことからもわかるように、自立する力が落ちている人が使うケースが多いので、車椅子の機能に頼る必要があり、選ぶ車椅子によって親の生活や介護者の負荷まで大きく変わります。種類が豊富なうえに、付属品のクッション選びも大切になるので、専門相談員に相談してレンタルしましょう。また車椅子を使って介助している介護職にも、車椅子の困り事を聞いておきましょう。**親が寝たきりにならないためには、できるだけ離床している時間を増やすことが大切です。**ベッドから車椅子への移動や、居間やトイレへの移動など、生活動作を増やすためには、スムーズな生活動線を確保しておく必要があります。

車椅子の使用目的を明確にしておく

まずは使用目的や生活シーンをまとめて、専門相談員に伝えましょう。例えばどこへ行くためのもので主に誰が操作するのか、床ずれを防止したい、姿勢を保持させたい、座っている時間はどれくらいかなどの使用目的によって、車椅子やクッションの種類は変わってきます。要介護度によって、介護保険の対象外になったとしても、自費でレンタルできる福祉用具業者が多いので、購入する前に一度相談してみましょう。

車椅子が必要になるタイミング

Check !

身体	□	杖や歩行器では不安になってきた
	□	杖や歩行器で長い距離を歩けなくなってきた
	□	外に出るのが不安で、外出しなくなった
	□	座位の保持が難しくなってきた
介助者	□	歩行の介助をするのが、大変になってきた
レンタル価格 （1か月）	車椅子1台　300円～3,000円（介護保険1割負担） 車椅子付属品（クッションなど）　50円～500円	

専門相談員への情報提供	・車椅子を主に操作する人は誰か（本人、介助者） ・主に使う場所はどこか（屋内、屋外） ・車椅子でよく通る屋外の道はどこか（砂利道、坂道など） ・車椅子で屋内のどこを通るか（廊下、出入口、段差、曲がり角） ・車椅子でトイレは入れるか ・車椅子を車に載せる機会はあるか ・長時間座っていられるか ・食事で使うテーブルはどれか ・認知症の症状があるかどうか ・股関節や膝関節に拘縮があるかどうか ・骨粗しょう症があるかどうか ・介助者は車椅子を押す力があるか

ハンド
リム
自分で操作する自走式は、タイヤについているハンドリムを使って進みます。介助式にはついていません。
自走式
介助式

福祉用具レンタル⑤

46 寝るためだけではない介護ベッドの役割

自立できる人も寝たきりの人も使う介護ベッド

介護ベッドは、**寝たきりや寝返りができない人の床ずれ（褥瘡（じょくそう））を予防して安眠を提供する役割や、床面から高さがあるので、立ち上がりやおむつ交換などの介護負担を軽減する役割があります。**要介護2からレンタルが可能で、要介護5になっても利用している人が多いのは、親の状態によって使い分けができるからです。例えば、布団の端につかまれば起き上がれる比較的元気な人の立ち上がりのサポートに使われますし、寝たきりになった人の背中をモーターの力で起き上がらせるためにレンタルする人もいて、介護が軽くても重くても利用する場面があります。また高齢の介護者が寝ている人を起こすのは体への負担が大きいので、介護者の負担軽減のためにも介護ベッドは利用できます。

項目㊳でご紹介したとおり、介護ベッドを自費購入すると10万円以上しますし、一度購入してしまうと親の状態が変化したとき、買い替えが必要になるので、特にレンタルをオススメします。

介護ベッドの付属品も一緒にレンタルしよう

床ずれを予防するための体圧を分散するマットレスやベッドから本人や布団を転落させないサイドレール、ベッドの側面などに取り付ける手すりやベッドの上で食事などをするためのテーブルなど、**介護ベッドの付属品の種類は豊富にあり、介護保険でレンタル可能です。**介護ベッドは長さや幅、高さ、モーター数を考えて選択する必要がありますし、それぞれのベッドに合った付属品を選ぶ必要があるので、家族だけでは判断が困難です。必ず専門相談員に相談して、ラクになる介護環境を整えましょう。

介護ベッドが必要になるタイミング

Check !

身体	□	布団からひとりで起きづらくなった
	□	起き上がりがおっくうで寝ている時間が増えた
	□	寝返りができなくなった
	□	呼吸が苦しく、寝つきが悪くなった
	□	ベッドの上で座っていられなくなった
介助者	□	布団の上げ下げが難しくなってきた
	□	布団での排泄や清拭の体勢がつらくなってきた
	□	車椅子への移乗が難しくなってきた
	□	失禁が多くなり、シーツの取り換え等をラクにしたい
	□	掃除をラクにしたい
レンタル価格（1か月）	介護ベッド1台　700円～1,400円（介護保険1割負担） 介護ベッド付属品　50円～400円	

専門相談員への情報提供	・介護ベッドを置く予定の部屋はどこか ・ベッドの周囲に介護スペースは確保できるか ・長時間座った状態を維持できるか ・介護ベッドの上で食事や排泄まで行うか ・褥瘡対策は必要か ・足のむくみはあるか ・認知症は進行していないか

モーター数の違いで、背上げ・脚上げを連動させたり、個別で操作できたりします。

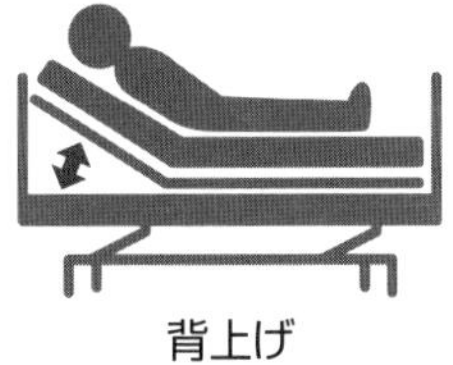

背上げ

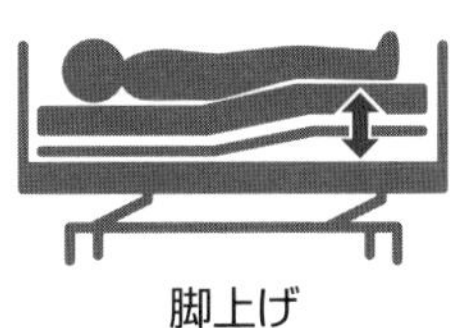

脚上げ

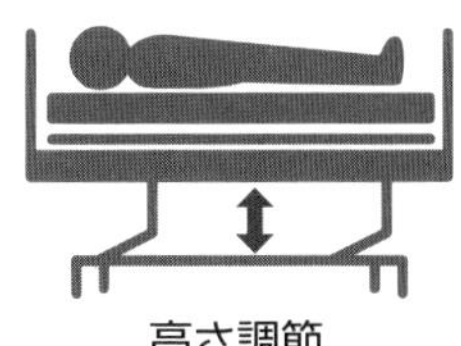

高さ調節

福祉用具購入①

47 見守りが難しいお風呂でも安心な入浴補助用具

浴室は特に福祉用具が必要な場所

ここからはレンタルではなく、介護保険を利用して購入できる特定福祉用具をご紹介します。自宅のお風呂が大好きな人でも、身体機能が低下すると服の着脱や体や髪を洗う、浴槽の出入りなどが難しくなり、入浴を面倒に感じるようになります。そうすると清潔を保てないので人に会わなくなり、外出の機会まで減って生活の張りを失います。また項目⑲にあるとおり、浴室は転倒や熱中症が多いですし、一人での入浴機会が多いことからも、入浴補助用具の力が必要です。家族やヘルパーが入浴介助をしている場合でも、介助しやすい浴室の環境を整えることで、介護者側の身体の負担が減りますし、ヘルパーの入浴介助にかかっている時間を短縮できるので、ほかの介護に時間をかけられるようになります。

入浴補助用具は購入なので、レンタルのように親の身体状況に合わせて返却ができませんし、業者によってはモニタリングがない場合もあります。項目㊱でご紹介した特定福祉用具購入のルールに従って、年間10万円の枠をうまく活用しましょう。

入浴補助用具は福祉用具業者から購入する

左表は入浴補助用具の役割と、購入する際のチェックポイントをまとめたものです。主な役割は**転倒防止と、立ち上がりや浴槽をまたぐための補助、座位の保持などです。**滑り止めマットは介護保険対象外ですが、浴槽台と一緒に購入する人が多いので、専門相談員に相談しましょう。入浴補助用具はホームセンター等でも購入できますが、都道府県の指定を受けた福祉用具業者から購入しないと、介護保険の対象にはなりません。

入浴補助用具の役割・チェックポイント・価格の目安（1割負担）

場所	入浴補助用具	役割	チェックポイント		購入価格の目安
洗い場	シャワーチェア	体位の保持、立ち上がりの補助	□	入浴は1人か、介助者も入るか	2,500円
			□	ひとりで座位は保持できるか	
			□	洗い場が狭く、折りたたむ必要はあるか	
	すのこ	脱衣所と洗い場の段差を解消する	□	脱衣所と洗い場の段差で転倒の恐れはないか	4,500円
	入浴ベルト	入浴時の起立移乗の介助	□	入浴時の起立・移乗の介助は必要か	800円
	シャワーキャリー	お風呂用の車椅子	□	自力で歩いてお風呂場へ行けるか	8,000円
	滑り止めマット（保険対象外）	洗い場での転倒防止、立ち上がりの補助	□	お湯や石けんで転倒の危険はないか	5,000円
			□	洗い場の床面は平らか、凹凸があるか	
洗い場／浴槽内	浴槽台	洗い場・浴槽内で使い、立ち座りやまたぎを補助。半身浴状態を作る	□	浴槽をまたぎづらくないか	2,000円
			□	浴槽から立ちづらくないか	
			□	浴槽内で座位が安定しているか	
浴槽内	滑り止めマット（保険対象外）	浴槽内での溺死防止、立ち上がりの補助	□	浮力で体が浮き、姿勢を崩していないか	5,000円
			□	足で突っ張れる浴槽の長さか	
			□	浴槽の床面は平らか、凹凸があるか	
	入浴グリップ	浴槽をまたぐための手すり	□	浴槽近くに手すり設置を諦めたか	2,500円
			□	浴槽の縁に設置できるか	
	バスボード	浴槽のふたのように設置し、座った状態でズルっと湯船に入る	□	浴槽を立位でまたぐのに不安はないか	2,000円
			□	手すりや入浴グリップの設置を諦めたか	
			□	立位でのまたぎでは不安か	

入浴ベルト

シャワーキャリー

入浴グリップ

48 大きな介護負担になる入浴をラクにする方法

介護保険の入浴サービス

介護保険の入浴サービスの種類

前項のとおり、介護保険を使って入浴補助用具を購入し、なんとかひとりで入浴できていた人でも、足腰が不自由になって人の介助が必要になったり、認知症の進行によって服の着脱や体の洗い方を忘れてしまったりして、入浴を嫌がる場合があります。

入浴介助は重労働で、室温や湿度の高い浴室で長時間の介護が必要なうえに、ヒートショックや転倒などほかの介護よりも多く気を遣うので、介護のプロでも大変な仕事のひとつです。道具の力だけでは自立した入浴が難しくなってきたら、まずはケアマネに相談して左表にある介護保険の入浴サービスを活用しましょう。大きくは自宅での入浴か、デイサービスなど自宅の外での入浴かに分かれます。自宅はヘルパーや看護師による入浴介助のほか、浴槽までの移動が困難だったり、浴槽が深すぎて使えなかったりしたときに、専用の浴槽を持ち込んで行う訪問入浴があります。原則要介護1以上で、主治医の許可が必要になります。入浴はリラックス効果もありますし、本人の清潔を保つだけでなく、皮膚の乾燥や傷などを観察できる貴重な機会です。

入浴介助の負荷が大きかったのでプロに任せた

要介護5で寝たきりだった父は、自宅のお風呂までの移動が困難だったので、専用浴槽を持ち込んで訪問入浴を利用しました。要介護3の母は、デイサービスでの入浴が基本で、たまにヘルパーの訪問介護によるシャワーもお願いしています。

父の入浴介助では、服の着脱や浴室内の移動が想像以上に大変でしたし、母は性別の違いからわたしの介助を嫌がるので、すべてプロにお任せしました。

介護保険の入浴サービスの種類

<table>
<tr><th>入浴の状態</th><th>介護保険サービス</th><th>場所</th><th>自立</th><th>介助する人</th><th>浴槽</th></tr>
<tr><td>・自分でお風呂に入れる
【項目⑲参照】</td><td>なし</td><td rowspan="6">自宅</td><td rowspan="2">自立</td><td rowspan="2">なし</td><td rowspan="5">自宅の浴槽</td></tr>
<tr><td rowspan="2">・手すりやシャワーチェア、家族の介助があれば、自宅のお風呂に入れる
【項目㊼参照】</td><td rowspan="2">特定福祉用具</td></tr>
<tr><td rowspan="6">介助</td><td>家族</td></tr>
<tr><td>・1人で入浴できない
・身体を洗えない
・入浴時に転倒の危険がある</td><td>訪問介護</td><td>ヘルパー</td></tr>
<tr><td>・心臓、呼吸器、糖尿病などの持病がある
・入浴中の体調変化が不安</td><td>訪問看護</td><td>看護師</td></tr>
<tr><td>・寝たきりで動けない
・病気などで体力が低下している
・自宅の浴槽が狭く、入浴が難しい</td><td>訪問入浴</td><td>看護師
1名
ヘルパー
2名</td><td>持ち込みの専用浴槽</td></tr>
<tr><td rowspan="2">・お風呂を嫌がる
・家族の介助が難しい
・利用しているサービスのついでに入浴も済ませたい</td><td>デイサービス・デイケア</td><td rowspan="2">自宅外</td><td rowspan="2">介護スタッフ</td><td rowspan="2">施設の浴槽</td></tr>
<tr><td>介護施設・病院</td></tr>
</table>

<訪問入浴を利用する前に確認したいこと>

・入浴スタッフの性別の配慮は可能か

・体調が悪いとき、足浴や洗髪のみでもいいか

・爪切りや耳かき、保湿ケアはしてもらえるか

・入浴剤や温泉水などのオプションはあるか

・入浴中にベッドメイキングはしてもらえるか

福祉用具購入②

49 排泄の自立と介護をラクにするトイレの選び方

親と介護者の両方の目線からトイレを選ぶ

介護保険で腰掛便座と呼ばれるトイレは購入できますが、衛生面からレンタルはできません。既存のトイレを使いやすくするためのものと、トイレ以外の場所で用を足すためのポータブルトイレとに分かれます。前者は、和式便器の上に置いて腰掛式に変換する便座や、洋式便座の上に置いて高さを補うもの、電動で便座が昇降して立ち上がりを補助するものなどがあります。トイレ周りで最も購入の多いポータブルトイレは、自由に移動できる簡易トイレで、ベッド周辺などに置いて使います。トイレまでの移動が困難な人や、夜間の頻尿がある場合は寝室に置くと安心できます。尿意や便意が自覚でき、衣服の着脱ができる人が対象です。左図は、ポータブルトイレの選び方をまとめたものです。**1日に何度も利用するので使い勝手だけでなく、排泄処理の手間やニオイの対策まで考えて、**専門相談員に相談してみましょう。機能によって、かなり価格差があります。排泄処理は水洗機能付きでなければバケツで行いますが、毎回の洗浄が大変です。バケツに被せて使う処理袋を使えば、袋を廃棄するだけで掃除が不要になるので介護がラクになりますし、排泄物を自動でラップするトイレを購入すれば手間が省けます。

在宅介護で最も苦労するのが排泄

内閣府が調査した「介護ロボットに関する特別世論調査」（2013年）によると、在宅介護での苦労の1位が排泄でした。親自身もトイレはできる限り人の世話になりたくないと思っていますし、**介護者も親に長く自立していて欲しいと考えるので、特に力を入れてトイレ環境を整えましょう。**

ポータブルトイレの選び方

①樹脂製か家具調（木製）かを選ぶ

樹脂製

＜メリット＞
- 軽くて移動がラク
- 掃除がしやすい
- 価格が安い

＜デメリット＞
- 外観が部屋になじまない

購入価格の目安
2,500円～（1割負担）

家具調（木製）

＜メリット＞
- 外観が部屋になじむ
- 重くて安定している

＜デメリット＞
- お手入れが面倒
- 移動しづらい

購入価格の目安
5,000円～（1割負担）

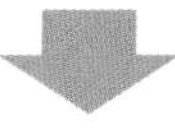

②サイズを選ぶ

コンパクト	トイレの置き場がない家向け
ワイド	体の大きな人向け

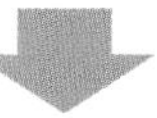

③ひじ掛けを選ぶ

固定式	立ち座りのときに安定する
跳ね上げ式	座位で移乗する人向け

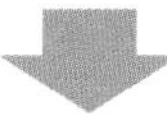

④便座を選ぶ

標準便座	抗菌加工のプラスチック便座
ソフト便座	お尻が痩せている、長時間座る人向け
暖房便座	便座の冷たさを軽減する

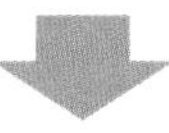

⑤機能を選ぶ

脱臭機能	部屋のニオイが気になる人向け
温水洗浄機能	拭き取り動作が困難な人向け
ラップ機能	排泄物を1回ごとに個包装する

> 排泄の介護は負荷が大きいので、多少奮発して機能付きのトイレを購入してもいいかもしれません。

50 介護のための住宅改修の申請と工事の実例

住宅改修①

住宅改修はどんなときに使う?

住宅改修の工事の例として、狭いトイレでの立ち上がりや姿勢を安定させるためのL字型手すりの設置があります。L字型はレンタル手すりでは対応できないため、この場合は住宅改修を利用して工事を行います。また浴室の洗い場のスペースを確保するために、開き戸から折れ戸に変更する工事や、握力が低下してドアノブを握って回せなくなった場合にレバーハンドルへ変更する工事、車椅子の移動がしづらい畳からフローリングへの変更、和式便器から洋式便器に替えるといったトイレ周りの工事などもあります。

住宅改修は大がかりな工事のイメージが強いかもしれませんが、具体例にあるような小さな改修も含まれます。

住宅改修の助成は20万円まで

介護保険では福祉用具のレンタルや購入だけでなく、介護のための住宅改修をして費用を助成してもらうこともできます。左表に住宅改修を申請するための要件と対象となる工事をまとめました。

要支援1から要介護5まですべて該当し、20万円までなら1割負担(所得によって2割から3割負担)、つまり2万円の負担で工事が可能ですし、分割しての利用も可能です。原則、同一住宅で20万円まで利用できますが、初めて住宅改修を行った時点の介護度から3段階以上に上がると(要介護1から要介護4など)、1回限り再度20万円まで受給できますし、新築を伴わない転居を行った際にも再度20万円の受給の対象になります。住宅改修を利用する場合は、まずは包括かケアマネに相談しましょう。

住宅改修の要件

❶ 要介護認定を受けていて、工事着工日と完成日が認定有効期間内である

❷ 介護保険被保険者証に記載されている住所地の住宅で、実際に居住している

❸ 本人が在宅である（入院・入所・外泊していない）

❹ 改修内容が介護保険制度の支給対象となる工事である（下表参照）

❺ 住宅改修の着工前に事前申請を行っており、事前審査承認されている

住宅改修の工事の種類と対象外になる工事の例

工事の種類	対象外になる工事の例
①手すりの取付け	・取付工事（固定）を伴わない手すり ・玄関の段差などからの転落を防止する柵
②段差の解消	・スロープや踏み台を固定で設置せずに、置くだけの工事 ・昇降機やリフトを設置する工事
③床や通路面の材料の変更	・老朽化による床材の張り替え ・滑り止めマットを洗い場に置くだけ
④引き戸等への扉の変更	・雨戸への取り換え（例外あり） ・間口の拡大（例外あり）
⑤洋式便器等への便器の取り換え	・洋式便器から洋式便器への取り替え ・既存の和式便器を残して、新規で洋式便器を設置する ・電気工事
⑥上記の住宅改修に付随して必要になる工事	―

自治体によって、保険給付の対象となる工事や付帯工事の判断が変わる場合があります。

住宅改修②

51 住宅改修はどんなときに利用すべきか？

住宅改修を利用するまでの流れと課題

住宅改修を利用するまでの流れを、左上図にまとめました。住宅改修は持ち家の方が多く利用しますが、賃貸でも利用可能です。ただし大家さんに許可をもらったり、原状復帰したりする必要があるので、賃貸の場合はレンタルで対応できる福祉用具があれば、レンタルを優先的に選ぶことになります。

住宅改修の利用は要介護2以下が約8割で、手すりやスロープの設置が多くなっています。**業者ごとの工事技術や施工水準のばらつきが課題**で、例えば介護をよく知らない工務店が親の身体状況に合わない位置に手すりを付けたり、スロープを設置したものの車椅子が通れなかったり、曲がれなかったりするケースがあります。住宅改修は介護の現場をよく分かっている福祉用具業者に頼みましょう。

住宅改修は時間の余裕と長期利用が大切

左下図のように福祉用具のレンタル利用は毎年伸びていますが、住宅改修は横ばいです。理由のひとつは、申請や工事日程調整などに時間がかかるためです。親が退院してすぐに手すりが必要な場合、レンタルなら即日対応できますが、住宅改修では対応できません。また、車椅子での生活が始まって手すりが不要になった場合には取り外し工事が必要ですが、レンタルのようにすぐ撤去できません。さらに福祉用具業者は住宅改修を熟知していても、家族の窓口である包括やケアマネは、建築に関する知識に乏しく苦手としているケースも多いので、利用が伸びていません。住宅改修を利用する際は、**申請や工事にかかる時間の余裕があって、かつ長期で福祉用具の利用が見込まれる場合にのみ利用すべきです。**

住宅改修の流れ

地域包括支援センター・ケアマネ

市区町村介護保険課

リハビリ専門職（作業療法士、理学療法士など）

利用者・家族

・住宅改修業者
・福祉用具業者
・リフォーム会社

③住宅改修依頼（地域包括支援センター・ケアマネ → 住宅改修業者など）

連携（地域包括支援センター・ケアマネ ↔ リハビリ専門職）

連携（リハビリ専門職 ↔ 住宅改修業者など）

①住宅改修の相談（利用者・家族 → 地域包括支援センター・ケアマネ）

②住宅改修理由書の作成（地域包括支援センター・ケアマネ → 利用者・家族）

④訪問調査・見積提出（住宅改修業者など → 利用者・家族）

⑥契約・施工（住宅改修業者など → 利用者・家族）

⑤事前申請（却下の場合も）（利用者・家族 → 市区町村介護保険課）

⑦支給（市区町村介護保険課 → 利用者・家族）

住宅改修の給付費と福祉用具レンタルの費用額比較

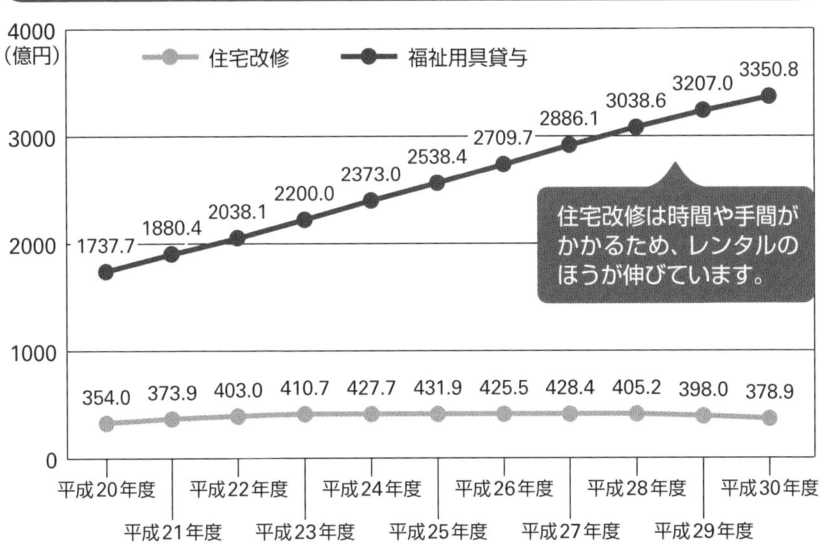

出典：第180回社会保障審議会介護給付費分科会「資料6. 福祉用具・住宅改修」（厚生労働省2020年）より著者作成

52 認知症の親が使う福祉用具は別の視点が必要

認知症の人は福祉用具に順応できない可能性も

要介護5で寝たきりだった認知症ではない父と、手足に筋萎縮があり、歩行や立ち上がりが難しい要介護3の認知症の母とでは、福祉用具のレンタルや購入のポイントが違っていて、特に**母の福祉用具選びの際には認知症であることを強く意識しました。**

例えば、母の立ち上がりの不自由さや介護のしやすさから介護ベッドの導入を検討したのですが、認知症が進行して、ベッドの上げ下げを行うリモコンの操作を覚えられないのと、長年の布団の習慣の感覚のままベッドから降り、転落して骨折する恐れがあったので、ケアマネや専門相談員と話し合って、布団のままにしました。また杖はつき方を覚えられないし、杖自体をどこかに置き忘れる可能性があるので利用しませんでした。認知症の進行状況によって、今まで使いこなせていた福祉用具の操作が、急にできなくなる可能性もあります。一方で父は、介護ベッドやポータブルトイレなどの福祉用具を積極的に導入し、使い方を理解しながらリハビリも頑張った結果、寝たきりの状態から歩けるまでに回復し、福祉用具の効果を強く実感しました。

福祉用具レンタルと認知症は相性がいい

福祉用具でレンタルできるものはレンタルしたほうがいいと書いてきたのは、この認知症も一因です。仮に福祉用具の使い方が分からなくなっても、返却すれば、以降のレンタル費用は発生しませんし、廃棄の手間もかかりません。また認知症の症状の進行に合わせて、福祉用具の変更もできます。介護が始まるきっかけの1位は認知症なので、認知症介護の視点を忘れずに福祉用具を検討してみてください。

認知症の母の福祉用具選びの実例

入手方法	福祉用具の種類	わが家の利用状況	認知症介護の状況
レンタル	手すり	○	介護初期は習慣であるコタツやタンスを手すり代わりに使っていた。自宅での転倒をきっかけに4台設置したが、認知症でも直感的に使えている
	杖	×	杖が恥ずかしいという理由から、自転車を杖代わりにし習慣化してしまった。新しく杖をレンタルしても使い方が分からないし、杖を置き忘れるので使っていない
	歩行器（歩行車）	△	自転車を押すのが不安定だったので、歩行車をレンタル。しかし家の中は壁の伝い歩き、新型コロナウイルスで外出機会が激減し返却
	車椅子	×	もし車椅子を使うことになったら、今の認知症の状態では操作できないと考えている。車椅子の利用＝介護施設の利用になるかもしれない
	介護ベッド	×	立ち上がりの不自由さからベッドを検討した。認知症の祖母が病院のベッドから転落して大腿骨を骨折した経験があり、超低床ベッドも検討したが布団のまま
購入	入浴補助用具	△	デイサービスのお風呂を利用しているが、ヘルパーの入浴介助をたまに受けることもある。亡くなった祖母と父が使ったシャワーチェアを利用している
	ポータブルトイレ	○	手足が不自由なためトイレに間に合わず、夜間の失禁が増えたので寝室に設置。トイレとハッキリ分かってもらうため家具調ではなく、あえて樹脂製を選択した

○：よく使っている　△：1度使った、たまに使う　×：検討したが使えなかった

認知症介護と福祉用具選び 3つのポイント

① 生活動線上に福祉用具を自然な位置に配置する
② 今までの生活習慣や慣れを大切にする
③ 認知症ご本人が使う場合は、直感的に使えて、シンプルなものにする

53 気をつけたい福祉用具の事故とは？

福祉用具は正しく使わないと事故の原因になる

経済産業省の「高齢者重大製品事故データ分析」によると、65歳以上の高齢者の重傷・死亡発生率は、危険と思われているガスコンロやストーブなどの**一般的な家電よりも、介護ベッド周りの手すりや電動車椅子などの福祉用具のほうが高くなっています。**

福祉用具の事故は、使い始めたばかりで慣れていない人や活動的で自分で何でもできてしまう人、重度の障がいのある人などに多くみられます。ほかにも体に合っていない福祉用具を利用したり誤った使い方をしたり、またメンテナンス不足のまま使い続けたりして事故を起こすケースがあります。

事故を防ぐにはヒヤリハットに注目する

1件の重大事故の背後には、重大事故に至らなかった29件の軽微な事故が隠れており、その背後には事故寸前だった300件の異常（ヒヤリハット）が隠れているといわれています。左表に福祉用具別に起こり得る、ヒヤリハットの例をまとめました。日頃から親が福祉用具を使う様子を観察し、危険がないか確認しておくことが大切です。また福祉用具をレンタルしていれば、半年に1回程度のモニタリングがあるので、気になる点があったら専門相談員に相談しましょう。例えば、車椅子の介助ブレーキが甘くなっていたり、介護ベッドのマットレスがへたっていたりするなど、家族が見落としがちな点まで専門相談員はきちんと見ています。福祉用具の正しい使い方を家族も理解し、もしヒヤリハットが起きてしまったら、専門相談員だけでなく包括やケアマネにも情報共有しましょう。**体に合っていない福祉用具を使い続けることは、体に悪影響を与えます。**

福祉用具のヒヤリハットの例

手すり	ベースごと大きく傾き、ひっくり返りそうになる
	手すりにかけたタオルや服ですべって転倒しそうになる
	床面とベースのわずかな段差につまづき、転倒しそうになる
杖（多脚杖）	杖の先ゴムが外れて、バランスを崩しそうになる
	段差を越えようとしてバランスを崩し、転倒しそうになる
歩行器	敷居を越えようとしてバランスを崩し、転倒しそうになる
	歩行車に座ろうとした時、転倒しそうになる
	歩行車のフレームを手すり代わりに使用してしまい、転倒しそうになる
車椅子	車椅子を歩行器のように使用し、キャスターが浮いてひっくり返りそうになる
	ブレーキをかけずに立ち上がろうとしたため、後方に転倒しそうになる
	下に落ちたモノを拾おうとして、前方へ転落しそうになる
介護ベッド	床置き型手すりとベッドの間に身体が挟まり、身動きがとれなくなる
	操作ボタンの配置を間違って認識していたことで、誤操作をして転落しそうになる
	ベッドを上げすぎて足が床から離れ、前方へ転落しそうになる

出典：福祉用具ヒヤリハット事例集2019（厚生労働省2020年）より著者作成

福祉用具の利用で特に注意が必要な人

① 使い始めたばかりで、まだ慣れていない人
② 体力があって自分で操作できるなど、活動的な人
③ 重度の障がいのある人

福祉用具カタログに目を通したほうがいい理由

介護が始まったらすぐに、無料の福祉用具カタログを入手して目を通してみましょう。カタログは福祉用具専門相談員と最初に会った際にもらえますし、ネット上の電子カタログでも見ることができます。カタログには介護ベッドなどの福祉用具のレンタル価格やポータブルトイレの販売価格、第3章でご紹介した介護保険対象外のシルバーカーや一本杖なども掲載されています。ほかにも片手だけでも食事ができるよう食器のふちに返しがついた皿があったり、ひざや腰が痛くてかがめない人がモノを拾うために、手の代わりのようにして使うリーチャーは、第1章のコラムに登場した横井さんが開発したおもちゃ（マジックハンド）と仕組みは同じで、枯れた技術が介護にも活用されています。さらに栄養補助食品やポータブルトイレの排泄を処理する袋など、介護に役立つ商品が多数掲載されているので、介護がラクになる商品を見つけられるかもしれません。

わたしは福祉用具カタログを初めて読んだとき、福祉用具の種類の多さに圧倒されましたし、なぜこんなにたくさんの種類が必要なのか、どうやって使ったらいいのか、全く理解できませんでした。その経験から、本書では**家族自身が福祉用具を選ぶのではなく、プロである専門相談員に選んでもらって、用具の選択ミスやムダな出費をしない**よう、知っておくべき情報をまとめようと思ったのです。

福祉用具メーカーも、安全で使いやすい便利な新商品を次々と開発しているので、福祉用具のプロである専門相談員でないと、新しい情報は追えないと思います。せっかく介護がラクになって、親の自立を引き出せる新商品が登場しているのですから、使わない手はありません。カタログで気になる商品があったら、専門相談員に相談しましょう。

4章

介護保険に限定せず介護がラクになる道具を見つけよう！

親の家のネット環境

54 インターネットは親を守る生命線になる

介護が重くなるとネットの必要性が増す

介護が始まる前の第2章と介護が始まったあとの第4章は対になっていて、道具の役割や重要さが変化しているので、比較しながら読んでみてください。

第2章でネットはお試しで導入と書きましたが、**介護が始まったら親を守る重要なインフラになるので、本格的な導入をオススメします。**例えば電話の声だけでは不安になって、テレビ電話で親の表情を見たくなった場合には、データ通信量や料金が気になるので、ネット回線を引いたほうがお得になります。また見守りカメラも最初は玄関だけでいいと思っていても、次第に居間や寝室にもカメラが必要となるかもしれません。また親を熱中症のリスクから守るために、エアコンの遠隔操作が必要になる可能性もあります。**介護が重くなるにつれ、親を見守る頻度や時間、場所が増えていくため、ネット環境の必要性も増していきます。介護で使うネット環境の構築で重要なのは安定性です。**安定性を高めるためには最低でもホームルーター、できれば光回線（項目㉓参照）を選ぶといいでしょう。接続する機器が増えても安心です。家電量販店か、スマホと同じキャリアの携帯ショップで契約すると、携帯電話の月額料金がセット割引になる場合があります。

家の中のルーターの設置場所に注意

家の中のルーターの設置場所によっても、安定性は変化します。例えば屋外に設置した防犯カメラの映像が途切れてしまう場合、ルーターとの距離が離れすぎていて、電波が届いていない可能性があります。ルーターはできるだけ家の中心に置き、床から1～2mの高さで設置しましょう。

介護が始まるとネット環境が重要になる

介護が始まる前 ▶ 民間の見守りサービス

親はまだ元気だから、実家にネットは不要。外部に委託して見守りをお願いしよう。

介護が始まる前 ▶ モバイル回線

料金も節約したいし、見守りもそんなに必要ないからモバイル回線で試して、人感センサーだけで見守ろう。

防犯対策のため、とりあえず玄関だけ見守りカメラを設置しておこう。

介護が始まったあと ▶ ・ホームルーター ・光回線

電話の声だけでは不安かも。テレビ電話でいつでも親の顔を見られるようにしよう。

熱中症が心配かも。居間のエアコンの遠隔操作から始めて、いずれ寝室も操作しよう。

玄関の見守りカメラだけでは不安かも。居間や寝室にも増やして、見守りを強化しよう。

介護度が重くなると、見守りのポイントが増え、接続する機器も増えます

ネット環境が安定するルーターの設置場所

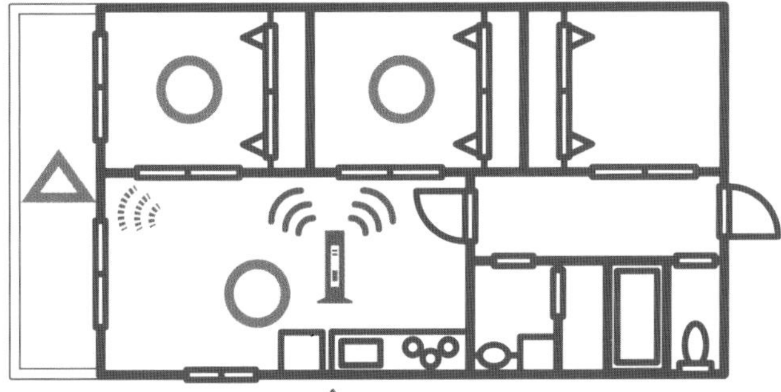

家の中心にルーターを設置すると、電波が安定します。コンクリートの壁や電子レンジがあると、電波が弱まる場合があります。

55

介護で使う見守りカメラの選び方と使い方

映像で親を見守る

見守りカメラは設置場所と機能で選ぶ

見守りカメラ（ネットワークカメラ）の選び方は、まず屋内へ設置するか、屋外へ設置するかで分かれます。**屋内への設置は親の生活リズムを把握しつつ、映像に何が映っていれば安心かを考えて、設置場所を決めましょう。**例えば親の安否確認だけでいいのか、来客との会話の内容まで知りたいのかなど、必ず見守る目的があるはずです。室内への設置は目立たない場所のほうが親も気にならないので、高い場所などに設置し、そこからカメラに映る範囲を調整しましょう。死角が生まれる場合は、首振り機能付きのカメラでカバーするといいでしょう。

屋外への設置は、不審者に対して目立つ場所がいいですし、悪天候でカメラが故障しないよう防水や防塵の機能に加え、Wi-Fiの電波が届くか、電源は確保できるかなどを意識しておく必要があります。見守りカメラの主な機能は左上表にまとめました。画質はフルHD以上だと、細部まで映像に映ります。

映像を録画すれば四六時中の見守りは不要

見守りカメラで四六時中、親を見守るのは現実的ではありません。あとで映像の確認ができるようデータの保存ができ、かつカメラの前に動きがあったときに通知やフラグが立てられる動体検知機能付きがオススメです。また倍速再生機能があると、特定の映像を探すときに検索時間を短縮できます。

左下は見守りカメラの映像から分かった、母の見守りの実例です。認知症の進行で記憶があいまいなため取り繕いが多く、母の話だけでは真実が分かりません。**過去の映像からトラブルの原因の特定が可能なので、認知症介護の改善にも役立てています。**

必ず介護に役立つ！見守りカメラ10の便利機能

機能	内容
画角	・広いほうが、親が部屋のどこに居ても確認しやすい
画質	・鮮明なほうが親の表情や様子が分かる ・防犯では犯人の顔が特定しやすい
ズーム	・対象物（人や物）の映像を拡大して確認できる
首振り機能	・死角があっても、パン（左右の首振り）やチルト（上下の首振り）で広範囲をカバーできる
マイク内蔵	・映像だけでなく、音声も拾う
スピーカー	・カメラを通じて、話しかけられる
暗視撮影	・夜間の行動や不審者の特定などに役立つ
録画	・映像をクラウドやSDカードに録画できる ・録画された映像をさかのぼって再生できる（2倍～16倍速再生）
動体検知	・カメラの前で動きがあったとき、スマホにリアルタイムで通知可能。動きのあった日時も記録され、特定の映像を探しやすい
サイレン	・外出先からサイレンを鳴らし、不審者を威嚇する

特に画角の広さ、画質の良さ、マイク内蔵、録画、倍速再生、動体検知の機能があると便利です。

見守りカメラに救われた介護の具体例

防犯

ふとんのセールスが来たが、認知症のため会話の内容を忘れてしまった。あとで映像を確認したところ、押し売りではなかった。

声かけ

朝になったが、母が布団から出てこなかった。電話にも出ないので心配になり、カメラを通じて声かけをしてすぐ生存確認ができた。

安否確認

外に一歩も出られない猛烈な台風が来て、母の様子が不安になったが、見守りカメラの映像ですぐ安否確認ができて安心した。

理由の特定と介護の改善

・母がメガネをしまった場所を忘れた。映像で行動を追跡したところ、なぜか洋服ダンスに片づけていて、無事発見できた。

・失禁が多くなったので映像で理由を探ったところ、寝る直前に冷蔵庫を開け飲料を飲んでいたことが分かった。

映像の共有

母が玄関で転倒して捻挫した際、過去映像をきょうだいで共有。事の深刻さも共有し、すぐ病院へ連れて行くことができた。

テレビの視聴【認知症】

56 介護中の賢いテレビの使い方

テレビ番組を見ながら昔を思い出す

項目⑪で70歳以上の平日のテレビ視聴時間は1日5時間以上という調査結果がありましたが、足腰が弱ったり、認知症が進行したりしないかと心配になるご家族もいると思います。さらに介護度が上がると外出の機会が少なくなり、**テレビへの依存度は高くなるので、ボーっとではなく効果的に視聴してもらう方法を考えてみましょう。**例えば認知症の人は比較的直近のことは忘れてしまいますが、昔のことは比較的覚えています。そのためテレビに映った懐かしの俳優、歌手や音楽、黒電話などの道具を見ると自然と言葉が出てきます。また家族などと一緒に映像を見ながら、昔の話をすることで脳が活性化されるので、認知症の進行予防が期待できる回想法のような効果が得られるかもしれません。興味のあるテレビ番組であれば集中して見てもらえるので、ふいに外へ出ていってしまう心配もありませんし、その時間を介護者の息抜きの時間にも充てられます。

好きなテレビ番組に興味を示さない理由

認知症の人にテレビを楽しんでもらうために、見やすくて、分かりやすい番組の例を左表にまとめました。認知症の進行によって好きだった番組に興味を示さなくなる方がいますが、**ひょっとすると認知症の進行に合わせた番組を選べていないのかもしれません。**例えば連続物のドラマは、前回までのあらすじを覚えていないから面白くないと思っているかもしれませんし、スポーツ中継はルールを忘れてしまって楽しめないから興味を失っているかもしれません。懐かしく楽しめる番組をハードディスク等に録画するなどして、テレビを有効活用しましょう。

テレビを見ながらの回想法のイメージ

釣りが大好きで、大きな魚をつったもんだよ
昔はそろばんを使って計算したもんだよ
息子が赤ん坊の頃の育児は大変だったわ〜
わたし、この俳優さんのファンだったのよ

回想法は、認知症の人が昔の思い出を語ることで、脳が活性化し、進行を予防できる可能性があるといわれています。

認知症の人が楽しめるテレビ番組の例

番組例	特徴
相撲中継	・ルールが分かりやすい ・勝負がすぐ決まる
懐かしのメロディ 昔のドラマや映画	・若い頃好きだった歌手や俳優を思い出すきっかけになる
ドリフ大爆笑 など （再放送）	・分かりやすいお笑いで楽しめる
徹子の部屋 など	・若い頃に活躍していた俳優が、ゲスト出演する
連続ではなく、 単話で完結するドラマや時代劇	・前回までのあらすじを覚えておく必要がない
赤ちゃんや子ども、 動物がメインの番組	・短い映像でもかわいらしい、愛おしいと分かる
料理、園芸、 登山の番組など	・若い頃の趣味を思い出すきっかけになる
回想法ライブラリー （NHKアーカイブス）	・昔の暮らし、ニュース、番組、道具などの映像をネット上やVRで楽しめる

オススメ

エアコンの温度設定【認知症】

57 年中使うエアコンは少しお金を使って親の命を守る

エアコンに温度設定を任せてしまおう

加齢によって夏の暑さを感じにくくなると、エアコンの必要性を感じなくなり、エアコンをつけずに熱中症で救急搬送される高齢者が多くいます。また頻尿を恐れて水分を取らずに、脱水症から熱中症になる方もいます。特に認知症の方は、季節が分からなかったり、暑さ寒さの判断やリモコン操作ができなかったりするので、AIが自動で温度調整や気流調整をしてくれるエアコンを利用すると、熱中症のリスクが軽減され、介護する側も安心です。また低価格帯のエアコンでも、スマホの遠隔操作に対応している機種が多くなっているので、ネット環境は必要ですが介護者側で温度設定を済ませておくといいでしょう。**親が住む地域の自治体によっては、熱中症対策としてエアコン購入に補助金や助成金が出ます。** 左上に主な条件をまとめましたが、特に65歳以上の高齢者世帯に対して補助金が出るケースが多いです。エアコンは冬場のストーブ火災やヒートショック対策にもなるので、もはや親の命を守る家電と考え、少しお金を使ってでも設置しましょう。

古いエアコンもスマートリモコンで遠隔操作

わが家では次項のスマートリモコンを使って、古いエアコンを遠隔操作していました。スマートリモコンを設置すると、スマホなどを使って家電の操作が可能になり、外出先などから遠隔操作ができます。また部屋の室温や湿度が、リアルタイムで分かるので安心です。価格は1万円以下で、家電量販店やネットショップなどで購入できますが、ネット環境が必要です。**親の見守りは健康状態だけでなく、家の室温や湿度まで見ないといけない時代になりました。**

自治体のエアコン補助金・助成金制度の条件例

- 65歳以上の高齢者世帯
- 住民税非課税世帯
- エアコンが家に1台もない世帯
- 地元の電器店で購入すると、補助金が多く出る
- 省エネタイプのエアコンを購入すると補助金が多く出る
- 助成件数に上限を設けている自治体もある

＊詳しくは各自治体に問い合わせてみてください

親の家のエアコンを子のスマホで操作する

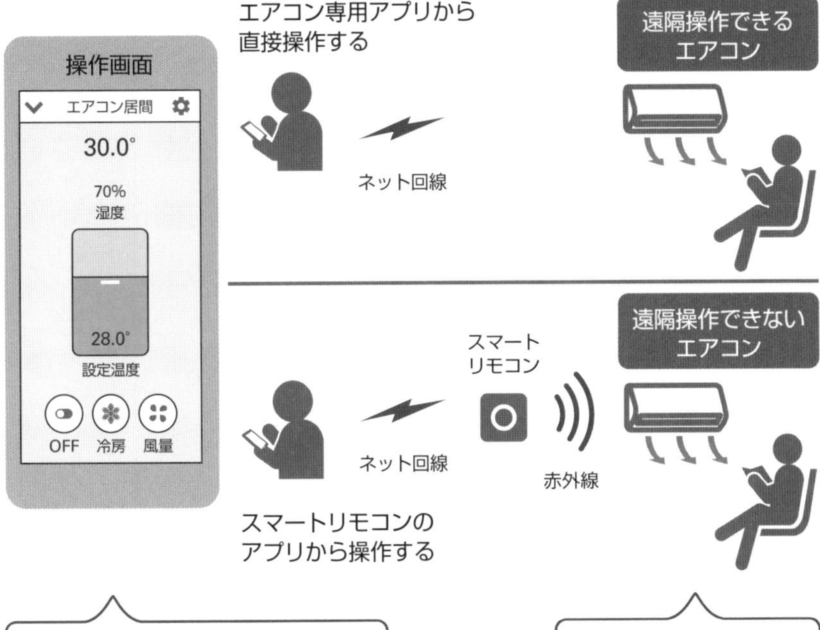

スマホ画面にエアコンのリモコン画面と部屋の温度・湿度がリアルタイムで表示されます。エアコンメーカー専用アプリも同様です。

遠隔操作非対応の古いエアコンでも、スマートリモコンを設置すれば、遠隔操作できます。

リモコンの誤操作【認知症】

58 リモコンの操作方法を忘れてしまったらどうする？

命にも関わるエアコンの誤操作

項目⑬でご紹介した汎用リモコンはシンプルで高齢者にも使いやすいものですが、認知症が進行すると別のリモコンのトラブルが発生します。例えばテレビとエアコンのリモコンの違いが分からなくなったり、リモコンを紛失してしまったりして、家電の操作自体ができなくなるケースがあります。また真夏に暖房をつけたり、真冬に冷房をつけたりするなどの**エアコンの誤操作は命に関わるため、特に注意が必要です。**前項ではスマートリモコンを使った室温や湿度の見守りをご紹介しましたが、わが家ではリモコンの誤操作を防止するために、寝室のエアコンのリモコンは置いていません。スマートリモコンで設定温度や運転時間を細かく設定をして、「自動運転中」と書いた貼り紙をしています。

遠隔操作する家電も見守りカメラで見守る

親は想定外の家電の使い方をする可能性があるので、わが家では**見守りカメラで母の様子を見守りつつ、エアコンなど家電の動きも映像で確認できるようにしています。**実際にあった例として、居間のエアコンを遠隔操作して冷房をつけたのに室温が下がらなかったので、見守りカメラでエアコンを確認したところ、なぜか電源が切れていました。母が手元にあったリモコンで電源を切ったためですが、こうした際にもカメラが役立ちます。また遠隔操作でテレビの電源を入れた際にも、母がテレビのプラグを抜いていたために、電源が入りませんでした。見守りカメラの映像から、テレビの音が聞こえてこなかったので気づいたのですが、家電の動きも見守りカメラで見守ると、こうしたトラブルに対応できます。

親が操作方法を忘れても、スマートリモコンで解決

スマートリモコンで条件を一回設定すれば、あとは自動で動きます。マニュアルの操作も可能です。

エアコンなどは予約が1回に限定されている機種が多いですが、スマートリモコンを経由すれば何回でも予約できます。

見守りカメラで親と家電を同時に見守る

見守りカメラには母の姿とエアコンが映っているので、両方の動きが分かります。またテレビの音もカメラが拾うので、視聴の様子も確認できます。

台所家電のトラブル【認知症】

59 間違った台所家電の使い方にどう対応する？

介護のプロにも頼れない台所家電のトラブル

台所にある電子レンジ、冷蔵庫、炊飯器は1日に何度も使うものですが、使い方を間違うと故障や火災の原因になります。左表に、認知症の人が操作で戸惑ったり間違ったりする例をまとめました。例えばわが家では、母が蒸気の出ている炊飯中の炊飯器のふたを何度も開けて、中を確認してしまいます。蒸気レスの炊飯器や圧力をかける際にロックされる炊飯器への交換も検討しましたが、使い慣れた古い炊飯器のほうが自分でご飯を炊けるし、安全と判断して、8年ほど使い続けました。

実はこうした在宅介護中の家電のトラブルはよく起きますが、滞在時間の短いヘルパーやケアマネなどの介護職でも気づかないケースは多く、**仮にトラブルに気づいたとしても介護保険サービスの対象外なので、家族で解決するか、便利屋に頼んで解決するしかありません。**あまりに何度も危険な目にあうようなら、使用を中止するなどの対策が必要です。

早めに単機能の家電に買い替えて慣れてもらう

わが家の炊飯器の例のように、使い慣れたものを使い続けてもらったほうが買い替えるよりも安全な場合もありますが、こうしたリスクを想定して、**早めに単機能の家電に買い替えて、使い慣れてもらったほうがいいかもしれません。**あるいは機能やボタンがあまり多くない、直感的に使えるシンプルな台所家電に買い替えてもいいでしょう。

台所家電の操作ができなくなると、自立した食事の準備が難しくなるので、その場合は訪問介護による調理補助や宅配弁当サービス、デイサービスの利用回数を増やすなどの対策が必要です。

認知症の人の台所家電のトラブル例

家電	トラブル
電子レンジ	・時間の設定が分からず、加熱しすぎる ・温めたことを忘れ、レンジの中で食べ物が腐る ・どのボタンを押したらいいか分からない ・レンジ用の容器でないもので温め、溶かしてしまう
炊飯器	・スイッチを入れ忘れ、ご飯が炊けていない ・ご飯を炊いたあと、入れっぱなしで放置する ・必要な人数以上のお米を炊いてしまう ・炊飯中にふたを開け、確認してしまう
冷蔵庫	・賞味期限切れや腐った食材が冷蔵庫に残っている ・冷蔵庫の中が同じ食材でいっぱいになる ・冷蔵庫で冷やす必要のないものまで入れる ・どこになにを入れたか、分からなくなる ・冷蔵庫と冷凍庫の違いが分からず、冷凍食材を溶かす ・食べたことを忘れ、冷蔵庫の食材を食べすぎる

対応策の例

・使い慣れた家電を買い替えずに、そのまま使い続ける

・電子レンジで使える容器に統一する

・直感的に使えるシンプルな家電にする

・見守りカメラを台所にも設置して、原因を探る

・家族・ヘルパーなどで協力して、冷蔵庫の在庫管理をする。
健康に影響がある場合は、冷蔵庫ロックなどを導入する

介護臭と洗濯

60 介護中のニオイ対策と洗濯のトラブル

ニオイ対策は介護専用の消臭剤や洗剤を使う

介護中に発生する汚れの多くは尿や便と食べこぼしで、ニオイがとれなくなるので早めの対応が必要です。これらの汚れやニオイは、尿臭や便臭に強くて消臭効果の高い、介護専用の液体洗剤を使って洗濯しましょう。消臭・防臭機能に加え、漂白や除菌など高機能な洗剤がドラッグストアの介護用品売り場で売っています。洗濯の難しい布団やマットレスなどのニオイは、尿臭や体臭に特化した介護用の消臭スプレーを使いましょう。一般家庭用の洗剤や消臭剤は尿便臭、加齢臭、湿布臭など、介護特有のニオイに対応した成分になっていないものが多いので、介護専用がオススメです。部屋のニオイは介護専用の消臭剤のほかに、空気清浄機よりも効果が高く、介護臭に強い脱臭機のほうがオススメです。

認知症の人が自ら洗濯するときのトラブル

介護家族やヘルパーがいつも洗濯しているのならいいのですが、1人暮らしの方など認知症の人自らが洗濯するケースもあります。左表は、認知症介護中によく起こる洗濯のトラブルとその対策で、**主に洗剤の取り扱いと洗濯機の操作が難しくなるために問題が発生します。**また洗濯機が止まったあとに、洗濯物を干す段階でも問題が発生します。

最も困るのは、オムツや尿パッドを廃棄せずに洗濯機で洗濯してしまうケースで、誤ってティッシュを洗濯したときのように、オムツの中に入っている吸水ポリマーが衣類や洗濯槽に大量に付着し、排水口にも溜まります。この場合は吸水ポリマーをすべて手で取り除いたあと洗濯槽を掃除し、さらに洗濯を始めからやり直す必要があるので重労働です。

認知症介護における洗濯のトラブル

トラブル				対応策
洗う	洗濯機	・洗濯機の操作が難しくなる	→	・使い慣れた洗濯機を使い続ける
		・尿や便で汚れた下着を下洗いせずに洗濯してしまう	→	・予約設定等で親が不在の時に洗濯をしておく
		・オムツや尿パッドを誤って洗濯してしまう	→	・貼り紙で洗濯物以外の物を入れないよう注意喚起する
		・蛇口を毎回閉めて、水がでない	→	・蛇口を鍵式にして、蛇口を閉められないようにする
		・洗濯が終わっていないのに、止めてしまう ・洗濯が終わったあと、干すのを忘れる	→	・訪問介護(ヘルパー)にお願いする
	洗剤	・入れる量が分からない ・そもそも洗剤を入れない	→	・洗剤を自動投入する洗濯機を使う
		・洗剤と柔軟剤の使いわけが分からない	→	・液体洗剤はダメでも、粉末洗剤なら使える可能性もある ・ジェルボールタイプの使用
干す	干し方	・洗濯物が乾いていないのに、取り込んでしまう	→	・生乾き臭の対策がされた洗剤を使う ・目に付かない場所で洗濯物を干す
		・洗濯物を干しっぱなしにして、取り込み忘れる	→	・干さないで乾燥機を使う。ない場合はコインランドリーでまとめて乾かす
		・そもそも洗濯をしないまま、干してしまう	→	・訪問介護(ヘルパー)にお願いする

トイレのトラブル

61 介護の状況に合ったトイレとオムツの使い方

親のプライドを尊重したオムツ選び

自立した歩行が難しくなると、トイレ以外の場所で用を足す場合もあります。予期しないタイミングでの便や尿の失禁が続き、改善しない場合は、オムツやリハビリパンツを穿いてもらいたいところです。しかし**親のプライドを尊重しながらになるので、なかなか穿いてもらえないかもしれません。**左上図に介護度と使うトイレの変遷とオムツの種類についてまとめました。今は下着感覚の薄い紙パンツもあるので、応じてもらえるところから始めましょう。

トイレの自立が難しくなると、掃除や洗濯、オムツ交換などに時間を取られてしまい、介護の負担が増えますし、夜間頻尿は介護者の睡眠時間を奪ってストレスになるので、左表をうまく活用してください。

認知症介護中によく起きるトイレ詰まり

親が使いやすいトイレの環境を整え、介護保険でポータブルトイレなどを購入すれば、排泄の自立はある程度までは保てます。しかし認知症が進行すると、尿や便を頻繁に流し忘れたり、大量のトイレットペーパーや、オムツを流して詰まらせたりするなどのトラブルが発生するケースもあります。家族は貼り紙をして注意喚起したり、オムツ廃棄用のゴミ箱をトイレ内に設置したりしますが、うまくいかないと**水道業者に修理を依頼するしかなくなりますし、何度も呼ぶと多額の費用がかかってしまいます。**どうにもならない場合はオムツが流れないくらいまで水量を絞ったり、万が一オムツを流してしまっても自分で取り出せる掃除口が付いたトイレに買い替えたりするなどの方法もあります。

介護度とトイレとオムツの関係

介護度	身体の状態	トイレの種類	オムツ(外側)	組み合わせるパッド(内側)	
低	ひとりで歩ける	洋式トイレ(手すり、補高便座)	いつもの下着	軽失禁パッド	自分で脱ぐ、穿く
			失禁パンツ(布製) 超薄型パンツ(紙製)		
	介助があれば歩ける	ポータブルトイレ(項目㊾)	紙パンツ・リハビリパンツ	パンツ用尿取りパッド	
	介助があれば立てる、座れる				介護者が手伝う
高	ベッドで寝て過ごす	尿器 差し込み便器	テープ止めタイプ	テープ用尿取りパッド	

男女の夜間頻尿の回数の違い

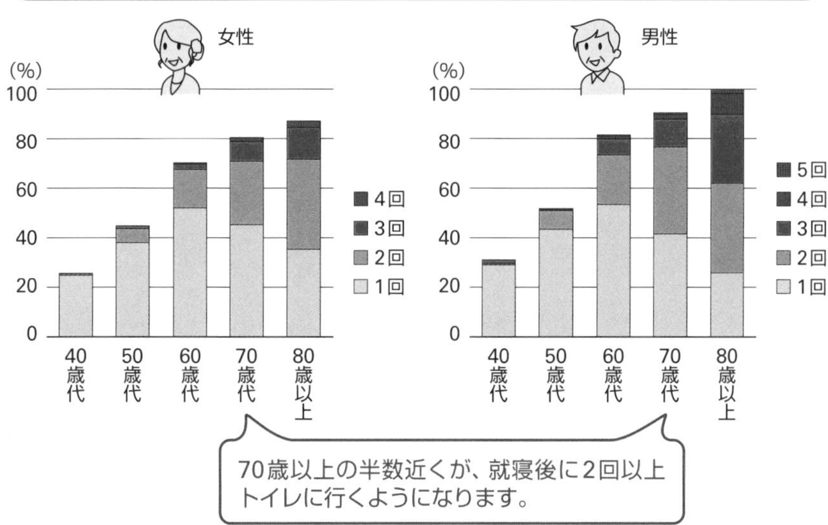

出典:「夜間のトイレ 何回行きますか(https://www.ncgg.go.jp/ri/lab/cgss/department/ep/topics/14.html)」(国立長寿医療研究センター)

電源の対策【認知症】

62 家電のプラグを抜かれないための対策

コンセントを目立たせない工夫が効果的

認知症が進行すると、リモコンの電源ボタンが分からなくなったり、待機電力がもったいないと思ったり、待機中に光るランプが気になったりして、家電のプラグを抜いて電源を切る人がいます。**プラグから抜いてしまうと、家電の設定がすべてリセットされたり、リモコンで操作ができなくなったりするので対策が必要です。**わが家ではコンセント付近に貼り紙をして注意喚起しましたが効果は一時的で、電話がつながらなくなったり、見守りカメラの映像が映らなくなったりしました。簡単なコンセント対策として、子どものいたずら防止用のコンセントカバーで、コンセント全体を覆う方法があります。また待機ランプを気にしているようなら、光が漏れないビニールテープなどで覆うといいでしょう。もしコンセントカバーまで外してしまうようなら、**親の目に入らない、届かない場所にコンセントを増設できます。**既存のコンセントを残したまま分岐させる電気工事で、設置は数時間程度、価格は1万円くらいなので、困っている方は試してみてください。コードは壁と同系色のモールで丁寧に覆うと気づかれにくくなり、プラグを抜かれる回数が減ります。

転倒を防止するコンセントがある

認知症の人に限らず、コタツやホットカーペットなどの床をはう電源コードに足を引っ掛けてしまい、転倒や骨折をする方がいます。電気ポットなどはマグネット式の電源コードが採用されていますが、同様のマグネットタイプの電源タップが千円程度で販売されており、工事不要で取り付けられます。万が一、足を引っ掛けてもすぐに外れるので安心です。

認知症の人のためのコンセント対策

1
コンセントカバー

2
待機電力ランプをテープで覆う

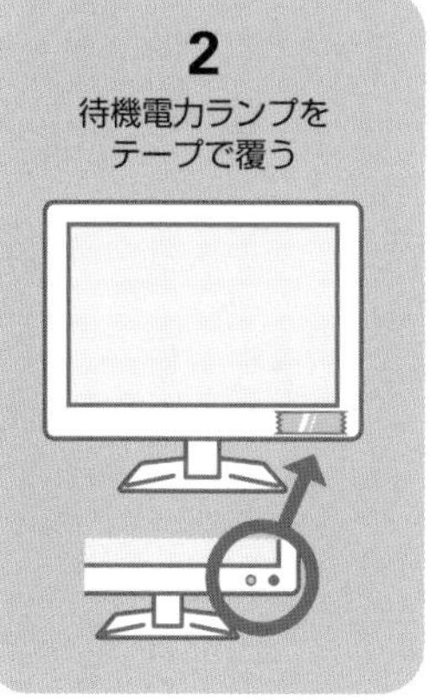

3
モールでコードを覆う

コンセントの増設工事とマグネット電源タップ

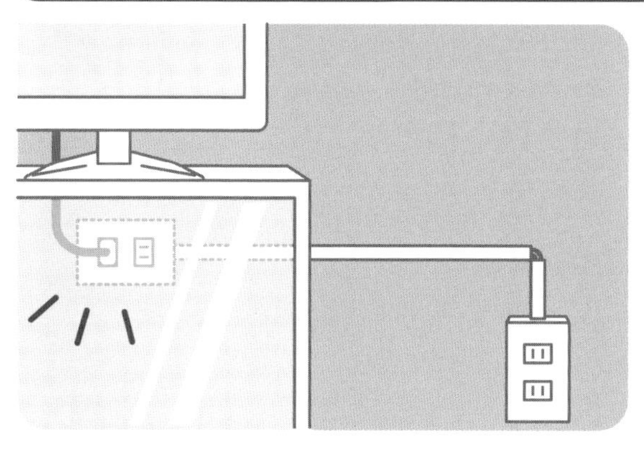

既存のコンセントを残し、テレビの裏にコンセントを増設したら、抜かれなくなりました。

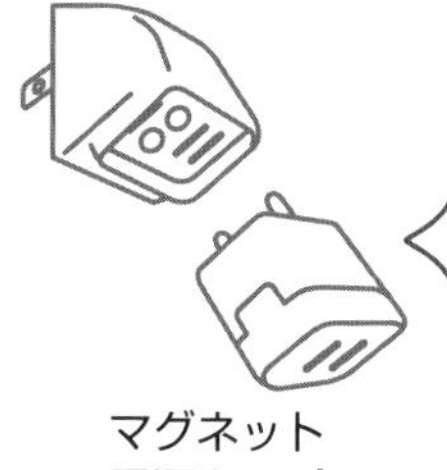

転倒防止だけでなく、プラグの抜き差しに苦労している高齢者にも便利です。

マグネット電源タップは、コードに足を引っかけてもすぐに外れるので安心です。

年齢別の出火原因

63 ほかの世代とは違う高齢者特有の火災対策

年齢によって出火原因に特徴がある

左上のグラフは年齢別の出火原因の死者の割合を示したものです。0歳から80歳まではたばこによる死者数が1位になっていますが、**81歳を超えるとストーブが1位になり、特に電気ストーブが主な原因となっています。**灯油ストーブと違って火が出ないので安全と思いがちですが、行動範囲が狭くなった高齢者の身の回りには多くの物が散乱しており、そこに引火します。転倒オフ機能や人感センサーなど安全装置のついた電気ストーブにするか、エアコンを設置すべきでしょう。

たばこの死者数は男性が女性の3倍となっており、65歳から69歳までが最も多くなっています。なかなか止められないたばこをムリに止めさせると、灰皿のない隠れた場所で吸ってしまって火事の原因になるので、加熱式たばこなどで様子を見るなどの工夫が必要です。配線関連は項目㉑でご紹介したトラッキング現象が出火原因で、ほかの要因と比べて近年増加傾向にあります。灯火は仏壇のろうそくが倒れるのが原因なので、火を使わないLEDのろうそくや線香などで対応するようにしましょう。

介護が必要な親は火災から逃げ遅れやすい

同調査によると81歳以上の高齢者は、ほかの世代と比べて判断力も体力も低下していて、逃げ切れずに亡くなる人の割合が多くなっています。介護が必要な人ならば、さらに避難は困難になります。火災警報器で火災を早く知らせることも大切ですが、**逃げ遅れが多いことを考えると、徹底して出火させないところに重点を置くべきです。**火を出さない工夫を左表にまとめたので、チェックしておきましょう。

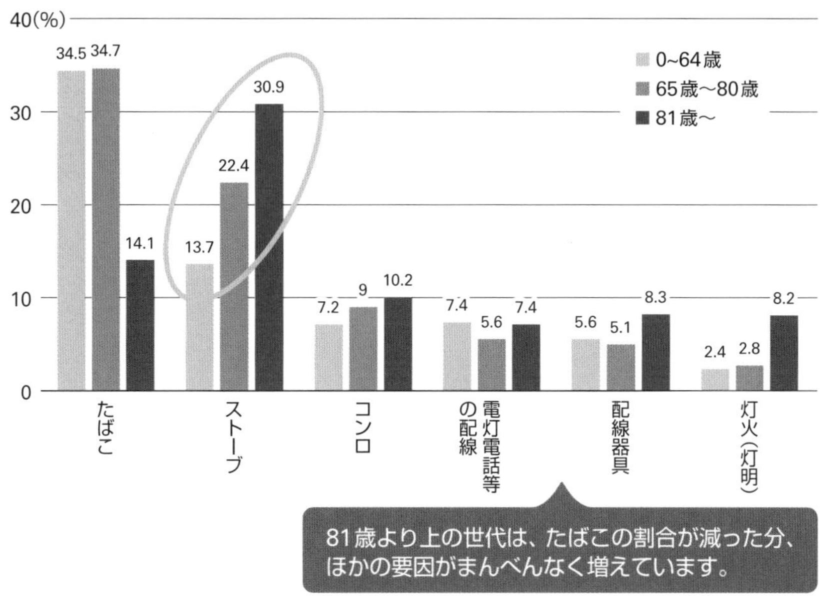

出典:高齢者の生活実態に対応した住宅防火対策のあり方に関する検討部会第1回(総務省消防庁2020年)より著者作成

火を発生させないための対策例

たばこ	・吸ったら、確実に消す ・寝たばこをしない ・紙巻きたばこから加熱式たばこへの切り替え
ストーブ	・周囲に可燃物を置かない ・安全装置付きの製品を使用する
コンロ	・過熱防止装置など安全装置付き製品への交換 ・防災品(エプロン)などの使用
電気関係	・コンセント周りの定期的な清掃 ・たこ足配線の防止 ・トラッキング防止機能付きコンセントの使用
灯火	・防災タイプの経机掛け(マット)の使用 ・LEDろうそくやLED線香の使用

出典:高齢者の生活実態に対応した住宅防火対策のあり方に関する検討部会第3回(総務省消防庁2021年)より著者作成

64 玄関の不自由さとひとり歩き(徘徊)の対策

スロープの種類と玄関周り【認知症】

玄関周りの不自由さはスロープで解消する

項目㊳の表で触れた**福祉用具のスロープは玄関周りでよく用いられ、車椅子などの出入りが難しい玄関の大きな段差を解消するために使います。**介護保険でレンタルできるスロープは置くタイプで、必要に応じて収納もできます。もし常設を希望する場合は、工事が必要になるので住宅改修の対象になります。

スロープは傾斜角度が大切で、長さがあると傾斜角度が緩くなるので、車椅子の昇り降りがラクになります。また歩行器や多脚杖を使っている場合は、スロープの傾斜と相性が悪いので、住環境や玄関の出入りの動き、介助者の負担、現在使っている福祉用具などを専門相談員に情報提供して、玄関に合ったスロープを選んでもらいましょう。ちなみに室内にある小さな段差を解消する道具もスロープといい、置くタイプは介護保険でレンタル可能で、工事を行う場合は住宅改修の対象になります。

玄関の出入りがしやすいと心配なひとり歩き

玄関の出入りがしやすくなると、認知症の人のひとり歩き(徘徊)の心配があります。行方不明になって警察に保護されたり、早期発見できずに亡くなったりするケースもあるため、左表に玄関周りの道具やサービスを使った対策をまとめました。家の中でできる対策と、万が一外出したあとで行う対策に分けたのですが、道具やサービスの進化によって選択肢は多くなりました。一軒家で出入口が多い場合は玄関だけでなく、勝手口や窓などにも同様の対策が必要になります。いずれにせよ**ひとり歩きのリスクがある場合、まずは市区町村の認知症高齢者見守りネットワークへの登録から始めましょう。**

認知症の人のひとり歩き(徘徊)の対策

家を出る前の対策	道具（ネット環境あり）	ドアセンサー	ドアの開閉を知らせるセンサー。人感センサーは【項目㉔】にあるとおり誤作動があり信頼性が落ちるため、ドアへの設置がオススメ
		見守りカメラ	動体検知機能があれば、カメラの前を通過した際の通知と録画がされる。万が一外出しても、時間や服装の特定ができる
	道具（ネット環境なし）	ドアチャイム	ネット環境がなくても設置可能。ドアの開閉があると、受信機が反応して音と光でお知らせ。無線のため配線工事も不要
		鍵	室内側に鍵穴がある両面シリンダー錠やドアチェーンをロックする補助錠などがある
	介護保険サービス	デイサービス・デイケアの利用	夜間にぐっすり眠れるように、昼間の運動量を増やしてもらう
家を出たあとの対策	道具	GPS機器	普段持ち歩くカバンなどにGPS機器を付けておく。携帯電話のGPSは携帯しなかったり、充電切れになったりすると追跡できない
		持ち物や衣服に連絡先を書く	キーホルダー、衣服に貼る連絡先シールなどを使い、紛失も想定して複数箇所に取り付ける
	サービス	ホームセキュリティサービス	持ち歩くものに専用機器を取り付け、GPSで場所を特定。必要に応じて駆けつけてもらうようにする
		QRコード	衣服や杖などに付いたQRコードを発見者が読み込むと家族に通知が届いたり、連絡先が分かったりする仕組み
		認知症高齢者見守りネットワークへの連絡	登録しておくと、捜索に協力してもらえ、早期発見につながる。QRコードなどを提供している自治体もある

介護で使いやすい床

65 転倒防止とスムーズに移動できる床の見直し

床材の変更は介護保険の住宅改修の対象

介護が始まったあとの転倒や骨折は、車椅子や寝たきりのきっかけにもなるので、万が一転倒しても骨折しないよう床の対策が必要です。また親が歩行器や車椅子を使い始めたときに、カーペットに車輪が引っ掛かったり、畳の目で車輪が思わぬ方向へ進んだりしないよう移動しやすい床にしておくといいでしょう。高齢の介助者が車椅子を押す場合も、力が必要になるので床を見直すべきでしょう。

項目50でご紹介した**介護保険の住宅改修は、床の滑り防止や移動の円滑化が目的であれば利用できます**。例えばキッチンやトイレなどでよく見かける、柔らかい塩化ビニル製のクッションフロアは、滑りづらくなりますし、転倒時の衝撃も吸収します。自分で工事を行い、材料費だけを介護保険から支給してもらうことも可能ですが、置くだけの床材は対象外になりますし、住宅改修の申請書を自分で作成しないといけないなど手続きが面倒なので、工事を検討する際は専門相談員に相談してみましょう。

床材選びは親の目線と介護者目線から考える

介護中に畳が汚れてしまい、クッションフロアに変更したいと申請しても、汚れが理由では住宅改修の対象にはなりません。手続きの大変さもあるので、DIYで床材を変更する人もいます。左表は親の目線と介護者の目線から考えた床材の違いです。**特に介護者の掃除も意識し、耐水性や消臭性を重視して床材を選ぶといいでしょう**。わが家は古い畳を交換する際に、将来を見据えてクッションフロアも考えたのですが、結局畳にしました。しかし失禁が多くなり、ニオイやシミがとれずに後悔しています。

親の目線と介護者目線から考えた床材の種類と特徴

		フローリング	畳	カーペット	クッションフロア	フロアタイル	タイルカーペット
親の目線	滑りづらさ	×	×	○	○	○	○
	衝撃吸収性	×	○	△	○	△	△
	段差の見やすさ	×	○	×	○	○	○
	車椅子の移動	○	×	×	○	○	×
介護者目線	耐水性	○	×	×	○	○	△
	耐久性	○	×	×	△	○	×
	消臭性	○	×	×	○	○	△
	補修のしやすさ	×	×	×	△	○	○
	値段	×	×	×	○	△	○

転倒リスクの少ない車椅子の場合、耐久性のあるフローリングも人気があります。

右3つの床材は○の多さからも、介護向きの床材といえます。

介護に向いている床材の特徴

- クッションフロア、フロアタイルともに塩化ビニル素材ですが、シート状かタイルかの違いがあります。フロアタイルは強度があり、車椅子にも強いです。
- タイルカーペットは手洗いOK、抗菌、消臭、防炎などの機能がついているものもあります。

電話のトラブル【認知症】

66 携帯電話の使い方が分からなくなる前にやるべきこと

携帯電話がつながらなくなる理由

介護が必要になり、外出先がデイサービスや病院などに限定されると、携帯電話の必要性が低下します。そのため親が電話を携帯しなくなったり、充電を忘れたりして、連絡がつかなくなる事態が起きます。また**認知症が進行すると、携帯の操作方法が分からなくなったり、紛失したりして連絡手段を失う可能性もあります。**項目㉖で固定電話を残しておくようオススメしたのはこうした理由からですが、詐欺などの犯罪に巻き込まれるリスクがあるので、改めて本書でご紹介した固定電話の対策を行ってください。またスマホやスマートディスプレイなどを使ったテレビ電話で親と連絡を取り合っていた場合にも、携帯と同様のトラブルが起きる可能性があります。親側で操作しなくても、発信者側で接続して呼びかけができる機種もあるので活用しましょう。

電話を掛けすぎてしまう問題もある

左図は、介護中に起こり得る電話のトラブルと対策をまとめたものです。連絡手段の確保は大切ですが、一方で**認知症の人が不必要に電話をしてしまう問題も発生します。**例えば通販業者から不要な商品を大量に購入したり、不安になって深夜に家族に何度も電話したりするケースです。本来は発信を制限したくはありませんが、介護上どうしても必要な場合は、スマホなら設定で発信を制限できますし、固定電話なら電話を受ける以外の操作ができなくなるキーロックができる機種があるので、活用してみましょう。以前、母から携帯の留守電に同じ内容のメッセージが11件連続で入っていて驚きましたが、携帯の操作ができなくなった今はなくなりました。

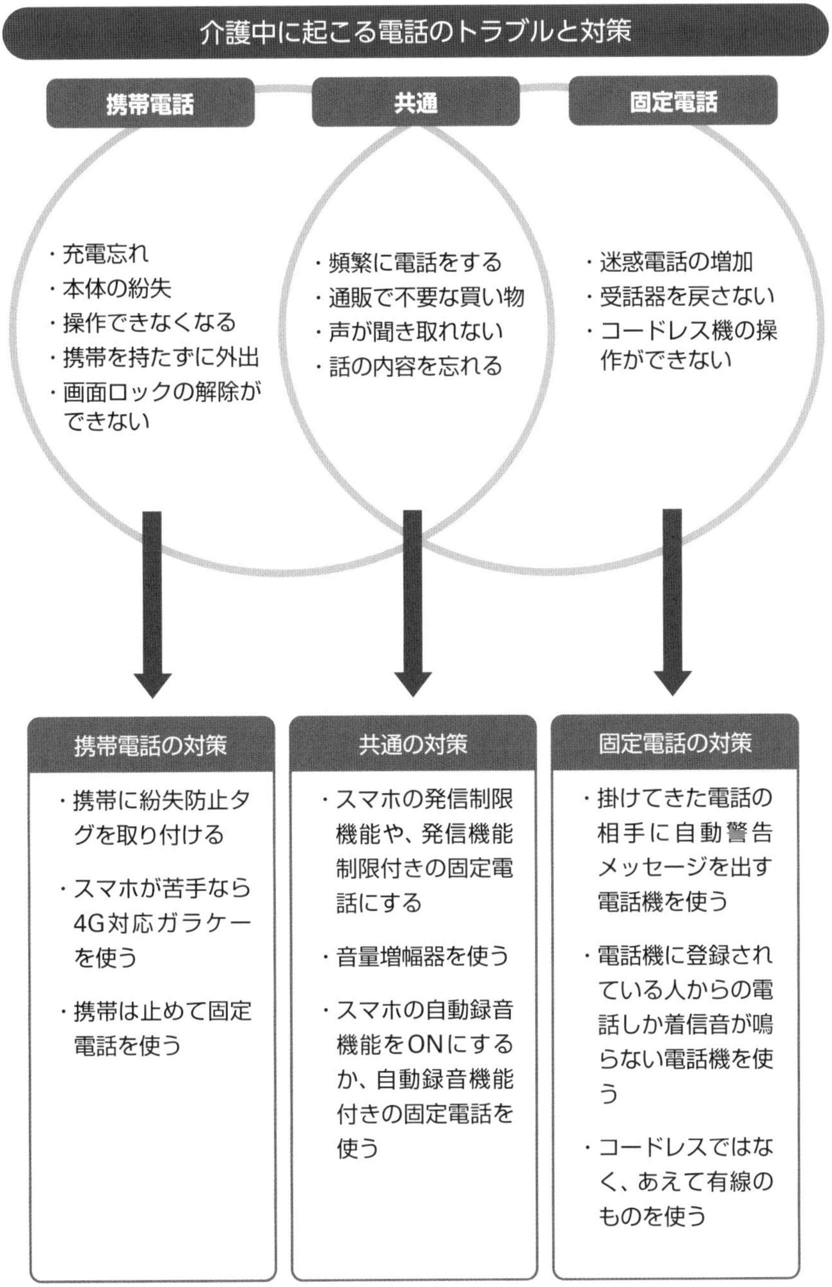

介護中に起こる電話のトラブルと対策

携帯電話

・充電忘れ
・本体の紛失
・操作できなくなる
・携帯を持たずに外出
・画面ロックの解除ができない

共通

・頻繁に電話をする
・通販で不要な買い物
・声が聞き取れない
・話の内容を忘れる

固定電話

・迷惑電話の増加
・受話器を戻さない
・コードレス機の操作ができない

携帯電話の対策

・携帯に紛失防止タグを取り付ける
・スマホが苦手なら4G対応ガラケーを使う
・携帯は止めて固定電話を使う

共通の対策

・スマホの発信制限機能や、発信機能制限付きの固定電話にする
・音量増幅器を使う
・スマホの自動録音機能をONにするか、自動録音機能付きの固定電話を使う

固定電話の対策

・掛けてきた電話の相手に自動警告メッセージを出す電話機を使う
・電話機に登録されている人からの電話しか着信音が鳴らない電話機を使う
・コードレスではなく、あえて有線のものを使う

分かりやすい時計【認知症】

今の時間が分からなくなった時の工夫

デジタル時計への変更を検討する

認知症が進行すると、家の壁に掛かっているアナログ時計が示す長針と短針から、時間を読み取れなくなる人もいます。また夏の朝5時にアナログ時計を見て、夕方の5時と勘違いする人もいます。時計が読めないと約束の時間に遅れるようになったり、夜中に外出しようとしたりなど、親自身も不安になりますし、介護者も対応に苦慮します。

デジタル時計であれば、針を読む必要がありません。15時の表示を午後3時と理解できない人もいるので、午前・午後が表示されているデジタル時計のほうが、より時間の把握がしやすくなります。多機能なデジタル時計の場合、温度や湿度、日付や曜日などたくさんの項目が表示され、混乱する可能性もあるので、表示項目が少なく、文字の大きいものを選ぶと時間が伝わりやすくなります。ほかにもテレビをつけておくと、画面左上に時計が表示されている時間帯もありますし、アナウンサーの「正午のニュースです」の声で時間を把握できる場合もあるので、親が理解しやすい時計を活用しましょう。

太陽の光で体内時計をリセットする

人間が生まれながらに持つ体内時計のリズム（サーカディアンリズム）も大切で、崩れると睡眠障害や昼夜逆転の原因になりますし、時差ボケのような感覚になります。太陽光を浴びると体内時計はリセットされますが、認知症により時間の感覚がずれたり、白内障でまぶしさを感じやすくなるために、1日中カーテンを閉め切る人もいます。確実に太陽光を浴びてもらうために、設定した時間に自動でカーテンを開閉させるツールがあり、遠隔操作も可能です。

時間が分かりやすくなる時計の種類

【デジタル時計】

日付や温度・湿度が理解できるなら、項目が多いタイプでも大丈夫です。

【デジタル時計（時刻表示のみ）】

表示項目が多すぎて読みづらい場合は、時刻だけにすると読みやすくなります。

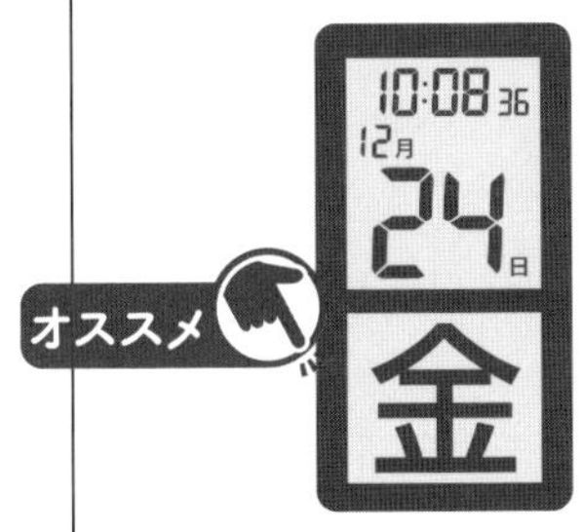

【曜日拡大タイプ】

介護は曜日ごとに決められたケアプランで動くことが多いので、曜日の文字が大きいと見やすいです。

【アナログ時計】

デジタルの数字が苦手で読めない方もいます。日付や温度・湿度だけデジタル表示を併用しているタイプもあります。

【スマートスピーカー】

文字の表示はなく、音で時間を知らせる時報的な使い方ができます。

【スマートディスプレイ】

画面上にデジタル時計があり、かつ音で時間を知らせる時報的な使い方もできます。

68 介護の予定ばかりになってもスケジュール管理は大切

介護保険サービスも見える化すると親は安心

介護保険サービスを使い始めると、デイサービスに行ったり、ヘルパーが家に来たりなど、カレンダーは介護の予定で埋まるようになります。親が予定を忘れていても、ケアプランで決められた日時に介護職の皆さんが家に来るので、スケジュール管理は不要と思うかもしれませんが続けてください。たとえ外出や人に会う機会が減ったとしても、**今日の予定は気になりますし、認知症の人の中には、不安な気持ちから何度も何度も今日の予定を質問する人もいます。**項目㉘でご紹介した予定の見える化をしておくと、親自身でカレンダーの予定を確認できますし、質問の回数が減って、介護者のストレスも軽減されるかもしれません。また自分の予定の過去と未来が視覚的に分かるので、不安の解消にもつながります。デジタルによるリマインダー機能の活用も有効で、決まった時間に自動で今日の予定を音声で知らせるスマートスピーカーを活用すると、文字が読めなくても理解してもらえるかもしれません。

カレンダーはきちんと読めているか

認知症が進行すると、カレンダーの見方が分からない、漢字や文字が読めない、曜日が理解できないなどの問題も出てきます。カレンダーはできるだけシンプルなもののほうが分かりやすく、例えば月次から週次、日次へ変えると、情報が少なくなって分かりやすくなりますし、文字が大きくなるのでより見やすくなります。わが家では前項でご紹介した曜日拡大タイプのデジタル日めくりカレンダーを利用しています。ケアプランが曜日ごとに決まっているためで、曜日だけでも分かってもらう目的です。

母の認知症の進行によるわが家の対応策

認知症	課題		対応策
軽度	今日の予定を何度も質問されるようになった	→	居間の壁掛けカレンダーに月間の予定を書き込んだ
	壁掛けカレンダーだけでは、今日の予定がどれか分からなくなった	→	壁掛けカレンダーの真下に今日を示すデジタル日めくりカレンダーを設置した
	薬の袋に日付、朝・晩の表示が印刷されていたが、今日の薬がどれか分からなくなった	→	お薬カレンダーのすぐ近くにもデジタル日めくりカレンダーを設置した
	デジタル時計の項目が多すぎて、温度や湿度の数字は何？と質問された	→	曜日の表示が大きいデジタル時計に買い替え、温度の表示はテープで隠した
	予定を漢字で書いたら、読めなかった	→	予定をひらがなで書いた。スマートスピーカーを使って音声でも予定を知らせた
重度	カレンダーや音声を使って予定を伝えても、無視して行動する場面が増えた	→	母の目の前に小さなホワイトボードを置いて、今日の予定を書いて示した

スマートスピーカーの活用法

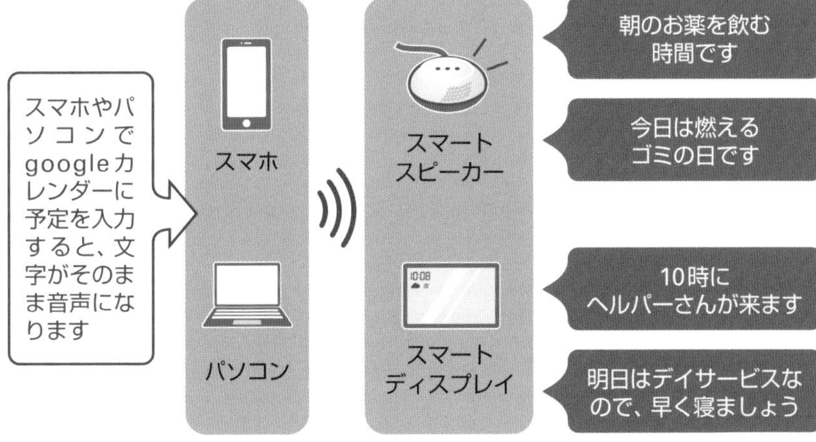

服薬の見守り

69 薬の管理は訪問薬剤師の力を借りる

かかりつけ薬局とかかりつけ薬剤師を決めよう

複数の医療機関を使っている場合、まずはかかりつけ薬局とかかりつけ薬剤師を決めて、1か所の薬局にまとめるようにしましょう。同じ薬が重複して処方されたり、薬の飲み合わせが気になったりしたときに薬剤師からアドバイスがもらえます。また要介護認定の実施の有無に関わらず、薬剤師が自宅を訪問するサービスを利用できるので、左上図を参考に検討しましょう。薬を自宅まで持ってきてもらえるだけでなく、飲み忘れた残薬を持ち帰って再利用してもらえます。また医師への薬の種類や用法・用量の変更の提案や、飲みづらいカプセルから粉薬へ替えるなどの対応をしてもらえます。わが家でも訪問薬剤師に週1回来てもらっていて、服薬管理だけでなく見守りにもなるので安心しています。

薬の見える化の失敗と服薬支援ロボット

わが家ではお薬カレンダーや一包化のおかげで、母が人の手を借りずに薬を飲めていました。ところが認知症が進行すると、お薬カレンダーにあった翌日分の薬を飲み忘れと勘違いし、1度に3回分の薬を服用してしまいました。幸い無事でしたが、その日を境に母の見えない場所に薬を保管するようになり、訪問介護のヘルパーの力を借りて、必要な分だけを母に渡す運用に変えました。ほかにも服薬時間になると音や光でお知らせしてくれる服薬支援ロボットもテストしてみました。薬をロボットの中に保管して鍵を掛ける仕組みだったので、飲みすぎ防止に役立ちましたし、忘れずにひとりで服用もできました。しかし訪問介護を利用したほうがお金はかからなかったので、今は利用していません。

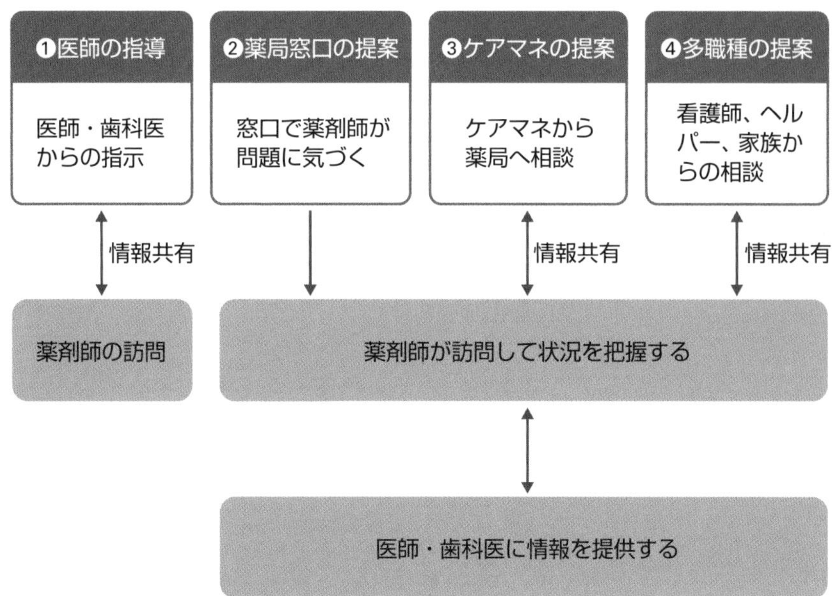

薬剤師の訪問サービスの料金(1回あたり、1割負担の場合)

要介護認定	受けている	受けていない
保険の種類	介護保険	医療保険
名称	居宅療養管理指導	在宅患者 訪問薬剤管理指導
1人	517円	650円
2人〜9人	378円	320円
10人以上	341円	290円

*自己負担割合が2割、3割のケースもあります
*居住系施設に複数人入居されている場合の訪問は、価格が安くなります
*訪問回数は利用者の状況で変わります

ドライブレコーダーの活用

70 運転免許の返納を説得できない場合の対処法

運転免許を自主返納すると特典がある

項目㉜のとおり、70歳以上の高齢者の運転免許の更新は厳しくなっていますし、運転免許の自主返納を行う方も増えてきました。免許を返納すると、本人確認書類にもなる運転経歴証明書が発行され、代替手段となるバス・タクシーの割引や、飲食・娯楽施設での割引を受けられます。しかし交通手段の乏しい地域では車がないと、通院にも買い物にも行けないなど、子が働きかけても親が返納に応じない場合もあります。そんな時は**ドライブレコーダー（ドラレコ）を活用して、運転を見守る方法があります。**

損害保険会社のドラレコ特約を活用する

ドラレコはカー用品店などで購入できますが、親の運転に不安がある場合は、**損害保険会社が提供している自動車保険のドライブレコーダー特約への加入がオススメです。**市販のドラレコとの違いは、事故対応や安全運転支援、運転診断が含まれている点です。万が一事故が発生した場合、本人は気が動転して対応できない可能性がありますが、保険会社のドラレコにはサービスセンターへ自動通報する機能が搭載されているので、保険会社から運転者へドラレコを通じて安否確認が入りますし、110番や119番の手配まで行ってもらえます。事故の瞬間の映像が録画されたSDカードは車内の高温、経年劣化などで故障するとデータが残りませんが、保険会社のドラレコは自動送信され、データが残ります。保険会社のドラレコは毎月約800円程度の料金でレンタルできます。左表は保険会社が提供しているドラレコの主な機能です。親を加害者にしないためにも、保険会社のドラレコで運転を見守りましょう。

損害保険会社のドラレコ特約 主なサービス

サービス		内容
事故対応	センターへの自動通知	ドラレコが衝撃を検知して、自動通報する
	センターからの安否確認	センターからドラレコを使った通話で安否確認をする
	ロードサービス手配	車のトラブルで自力走行できなくなったときに、現場に駆けつけて応急処置をするロードサービスを手配してくれる
	警備会社の駆けつけ	事故現場に隊員が駆け付け、事故対応をサポートする
	事故の分析	車の速度や位置情報から事故を分析して、相手の動きも見ている
安全運転支援	前方衝突	前を走る車両と衝突、追突するリスクを検知したときに警報が鳴る
	速度超過	「スピードの出しすぎに注意してください」と警報が鳴る
	車線逸脱	高速道路走行中の車線の逸脱時に「車線のはみ出しに注意してください」と警報が鳴る
	高速道路逆走	「逆走していませんか」と音声でお知らせする
	指定区域外走行	ドラレコが「指定区域外に出た」とお知らせし、家族にも情報共有できる
	脇見警告	インカメラの顔認証で眠気、わき見、携帯を使うなどの動きがあったら警報が鳴る
	急操作警告	急アクセル、急ブレーキ、急ハンドルの運転操作をすると、ドライバーに注意喚起する
安全運転診断	レポートの提供	運転の傾向や対策をレポートしてくれる
見守り	見守りサービス	事前に登録した家族などがドライバーの運転状況を見守る

＊契約した保険会社によってサービス内容は異なります

道具の総括

71 介護で本当に役に立った道具のランキング

ランキングにある道具は毎日使っています

最後に本書でご紹介した道具の中で本当に役に立った、これがなかったら遠距離介護は続けられなかったと思うものをランキング形式でご紹介します。

1位の見守りカメラは母親と離れているときも、帰省時に同居で介護しているときにも使います。毎朝の生存確認から始まって、地震や台風のときの安否確認、玄関の訪問者とのやりとり、実家の2階で仕事をしながら1階の母の様子を見るなど、5台のカメラで毎日何度も確認しています。実家に電話をする必要がなくなり、不安も解消されました。

2位のスマートリモコンが特に活躍する季節は、夏と冬です。認知症で季節感や温度感覚が鈍っている母は、室温30℃でもちょうどいいと言いますし、誤って真夏に暖房をつける日もあります。もしスマートリモコンを使ってエアコンの遠隔操作ができていなかったら熱中症になっていたかもしれませんし、冬に誤って冷房をつけて凍えていたと思います。

3位の手すりは、母が1日で最も利用している福祉用具です。使い方を説明しなくても直感的に使えており、立ち上がりの際には必ず手すりに掴まっています。手すりがあるおかげで、転倒リスクが減りましたし、何より家の中での活動量が増えました。

4位のポータブルトイレを寝室に設置したおかげで夜間の失禁が減り、シーツの洗濯回数が激減しました。また、夜中に家のトイレまで移動する必要がなくなったので、物音で起こされる回数が減ってストレスから解放されました。5位以降は、左表をご覧ください。介護保険サービスや地域の力だけではどうにもならなかった部分を、本書でご紹介した道具が役割を果たし、隙間を埋めてくれました。

介護で役に立った！ 道具ランキングベスト7

1位 見守りカメラ（項目55）

5台の見守りカメラが稼働中。来客や食事の様子、家電の動作状況など、毎日数回チェック。主に動体検知で録画された映像を見ているが、リアルタイムでも確認することもある。

2位 スマートリモコン（項目58）

実家の居間と寝室に設置し、室温と湿度をチェック。基本はエアコンの温度や湿度を細かく予約設定して自動対応になっているが、誤操作の際はマニュアルで遠隔操作している。

3位 手すり【介護保険】（項目42）

寝室と玄関、勝手口など4台をレンタルで設置。主に立ち上がりと段差解消のために利用していて、転倒のリスクが軽減された。

4位	ポータブルトイレ【介護保険】	項目49	寝室のふとんの真横に設置。真冬の寒さの中、家のトイレまでたどり着けずに失禁してしまうことがあったが、設置後はなくなった。
5位	デジタル電波時計	項目29	居間の壁掛けカレンダーの真下とお薬カレンダーの横に電波時計を設置。曜日が大きく表示されるタイプを利用したおかげで、デイサービスの曜日間違いが減った。
6位	固定電話	項目26	太陽光発電や健康食品などのセールスの電話が多数かかってくるが、電話の設定でブロック。母が迷惑電話に出ることは全くなくなった。
7位	スマートスピーカー	項目30	母に電話で予定を知らせるのが面倒なので、毎日決まった時間に今日の予定を自動音声で流し、伝えるようにしている。母がすぐ予定を忘れてしまうので、1時間に5回鳴らす時間帯もある。

【付録1】介護の準備チェックリスト

親自身、親の家、介護する子の立場から、介護が始まる前に準備しておくべきことをまとめました。エンディングノートを使うと、親の情報をより引き出しやすくなります。

親	つながり	親族	□	いざというときに頼りになる親族の連絡先を調べる
		友人·知人	□	いざというときに頼りになる友人·知人の連絡先を調べる
		地域·事業者	□	いざというときに頼りになる事業者を調べる【項目❷参照】
	緊急	医療	□	契約している保険会社の24時間医療電話相談を確認する
	生活	月の収入	□	年金など月々の収入状況を確認する
		月の支出	□	生活費や病院·薬代など月々の支出状況を確認する
	医療	かかりつけ医	□	かかりつけ医がいる病院、連絡先を確認する
		お薬手帳	□	お薬手帳で服薬状況を把握する
		健康保険証	□	保管場所を確認する
		病歴	□	これまでかかった病気を把握する
		アレルギー·副作用	□	アレルギー、薬の副作用はあるかを確認する
		余命宣告·告知	□	余命宣告を受けたら告知を希望するか確認する
	健康	血圧	□	血圧は正常な状態かを確認する
		聴力	□	耳の聴こえは悪くないかを確認する
		白内障、緑内障	□	目の見えづらさ、かすみ等はないかを確認する
		もの忘れ	□	もの忘れが気になっているかを確認する
	介護	方針	□	介護を受けるなら、自宅と介護施設のどちらがいいか希望を聞く
		介護保険証	□	保管場所を確認する
	財産	預貯金	□	親の財産は質問しづらいので、エンディングノートに書いておいてもらうと安心。難しい場合は、自分の介護に必要なお金は準備してあるかだけでも聞いておく
		有価証券	□	
		保険関係	□	
		借金	□	
		通帳·印鑑	□	

付録

親の家	防犯	対策	□	空き巣、訪問販売の対策ができているか確認する【項目㉒参照】
	火災	警報器	□	火災警報器の設置と設置年数を確認する【項目㉑参照】
		ガス	□	ガスコンロの安全性を確認する【項目⑮参照】
	転倒	対策	□	基本チェックリストで確認する【項目❾参照】
	電気	アンペア契約	□	ブレーカーはよく落ちていないか確認する【項目⑳参照】
		火災対策	□	コンセントの劣化やホコリを確認する【項目㉑参照】
子	仕事	相談	□	介護相談窓口を確認する
			□	上司や同僚など介護と仕事の両立をしている人を見つける
		介護休業	□	会社の就業規則で介護休業制度を確認する
		介護離職	□	介護離職したときのキャリアプラン(セカンドキャリア)を考える
			□	副業を始める
		働き方	□	フレックスタイム、テレワークなど介護にも使える制度があるか確認する
	家族	配偶者･子ども	□	介護が始まったあとの生活について家族と話し合う
		きょうだい	□	きょうだい間の介護の役割について話し合う
	お金	介護費用	□	親の介護費用を負担できるかシミュレーションする
		生活費	□	介護離職した場合、貯金でどれだけ生活できるか確認する
	情報収集	公的な情報	□	親の家の近くの地域包括支援センターを調べる
			□	親の家の近くの社会福祉協議会を調べる
			□	認知症ケアパスを入手する
		民間の情報	□	介護のつどいや認知症カフェに参加してみる
			□	参考になる介護系のサイトをブックマークする
			□	日頃から介護アンテナを立て、介護への意識を高める
その他		外部委託	□	介護から葬儀までをすべて外部サービスに委託する

まずはここに相談。地域住民の最初の相談窓口！

地域包括支援センター（略称：包括）

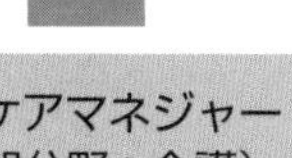

主任ケアマネジャー（専門分野：介護）

保健師（専門分野：医療）

社会福祉士（専門分野：福祉）

- 高齢者の総合相談、権利擁護、地域の支援体制づくり、介護予防支援を行います
- 市区町村直営、医療法人、社会福祉法人、NPOなどが運営しています
- 地域によって高齢者総合相談センターなど名称が違います
- 小・中学校区に1つは包括があります
- 相談料は無料です
- 要介護認定の申請を代理で行います
- 要介護認定で「要支援」と判定された人は、包括がケアプランを作成します

【付録3】ケアマネジャーの役割

【付録4】要介護度別の心身の状態例と支給限度額の目安

程度	介護度	心身の状態例	支給限度額(円)	自己負担(円)		
				1割負担	2割負担	3割負担
軽度	要支援1	要介護状態とならないように身の回りの世話の一部に何らかの介助を必要とし、適切にサービスを利用すれば改善の見込みの高い方。	50,320	5,032	10,064	15,096
	要支援2	身の回りの世話に何らかの介助を必要とし、適切にサービスを利用すれば改善の見込みの高い方。	105,310	10,531	21,062	31,593
	要介護1	排泄や食事はほとんど自分ひとりでできるが、身の回りの世話に何らかの介助を必要とする。	167,650	16,765	33,530	50,295
	要介護2	排泄や食事に何らかの介助を必要とすることがあり、身の回りの世話の全般に何らかの介助を必要とする。歩行や移動の動作に何らかの支えを必要とする。	197,050	19,705	39,410	59,115
	要介護3	身の回りの世話や排泄が自分ひとりでできない。移動等の動作や立位保持が自分でできないことがある。いくつかの問題行動や理解の低下が見られることがある。	270,480	27,048	54,096	81,144
	要介護4	身の回りの世話や排泄がほとんどできない。移動等の動作や立位保持が自分ひとりではできない。多くの問題行動や全般的な理解の低下が見られることがある。	309,380	30,938	61,876	92,814
重度	要介護5	排泄や食事がほとんどできない。身の回りの世話や移動等の動作や立位保持がほとんどできない。多くの問題行動や全般的な理解の低下が見られることがある。	362,170	36,217	72,434	108,651

【付録5】福祉用具の利用状況と支払い方法

■要介護度別の福祉用具レンタルの利用状況

	手すり	杖	歩行器	車椅子	介護ベッド（特殊寝台）	付属品（特殊寝台）
	要支援1～	要支援1～	要支援1～	要介護2～	要介護2～	要介護2～
要支援1	7.9%	8.9%	10.0%	1.4%	0.7%	0.7%
要支援2	16.0%	20.7%	20.9%	3.9%	2.6%	2.5%
要介護1	22.6%	20.9%	22.3%	6.4%	5.3%	5.2%
要介護2	26.0%	26.7%	25.6%	21.6%	32.7%	31.8%
要介護3	15.9%	14.2%	13.3%	22.8%	24.0%	24.5%
要介護4	9.0%	6.9%	6.4%	25.7%	20.6%	21.4%
要介護5	2.6%	1.7%	1.5%	18.3%	14.2%	14.0%

出典：介護給付費実態統計（令和３年４月審査分）

濃い色が1番利用している介護度、薄い色が2番目に利用している介護度。要介護2に集中しています。

■特定福祉用具の購入や住宅改修の支払い方法

支払い方法は償還払い、受領委任払いの2種類です。原則、償還払いとなっていますが、受領委任払いを行っている市区町村もあります。

支払い方法は市区町村単位で決まっており、また事業者が受領委任払いに登録しているかどうかでも支払い方法は変わります。

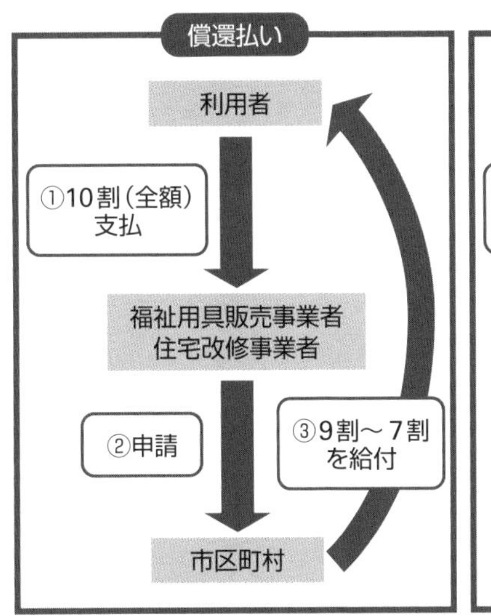

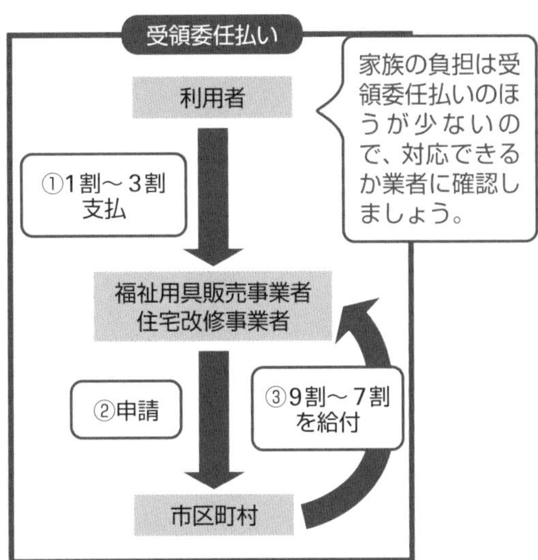

出典：受領委任払い･償還払いの仕組み（広島県呉市）より著者作成

おわりに
介護する人に必要な心の余白

Ａｍａｚｏｎ創業者のジェフ・ベゾスの言葉に、「善意は役に立たない、仕組みだけが役に立つ」があります。これは介護の話ではありませんが、残念ながら介護に当てはまる部分はあると思います。わたしが離れて暮らす認知症の母を10年以上も自宅で介護できたのは、支えてくださった方々の善意があってこそです。一方で、善意だけではどうにもならない介護の場面にたくさん遭遇してきたのも事実です。例えば台風の接近で荒れ狂う暴風雨の中を、ご近所や介護職の方の善意に期待して、母の様子を見に行ってほしいとは言えませんでした。ボランティアの方だって、緊急時に自分の家族を優先するのは当たり前のことではないでしょうか？　このように善意は役に立たないとまでは言いませんが、いつでも頼れるほど心強いものではなく、期待しすぎてはいけないものでもあります。

誰にも気兼ねすることなく、自分の力で介護の問題を瞬時に解決できるのなら、これほどラクなことはありません。その機会を与えてくれたのが、本書でご紹介した道具でした。他にも新型コロナウイルスの感染拡大で、介護保険サービスのすべてがストップしたとき、最後に頼ったのは家族と道具で、なんとか認知症の母を支え切りました。

介護は人の力や愛情に重きを置きがちですが、道具を含めた仕組み（態勢）をしっかり整えておけば、どんな時でも介護はうまく回っていくと思います。それに道具や福祉用具をうまく活用すれば、親の自立力は何倍にもアップしますし、身体機能も向上します。そして何より、親自身の生活の質が改善され、親も自立できている喜びを感じて、より活動的になってくれるかもしれません。自立できる時間が増えれば、介護者である子の負担も大幅に減りますし、介護者として気持ちに余裕が生まれて、親への愛情へと還元されると思います。

わたしの母は２０１３年にアルツハイマー型認知症と診断され、重度のレベルまで進行しました。これまでも介護をしながら本を書いてきましたが、今作ほど介護で執筆が中断した本はありませんでした。母が新型コロナウイルスに感染したり、失禁で汚れたシーツを洗濯したりなど、予定していた執筆の時間が何度も介護に代わりましたが、本書の内容を実践したおかげで無事完成しました。

本書では親の自立について考えてきましたが、最後に最も大切な話をして終わりたいと思います。親が自立するためには、許して受け入れる心の広さを持っておかないといけません。例えば親に任せると危ないから、自分がやったほうが早いからといって、親の行動を制限したり、役割を奪ったりしてしまいがちです。わたしも反省することがよくありますが、母の少しの失敗を許す気持ちを常に持つよう自分に言い聞かせながら、介護を続けています。リスクと隣り合わせの部分もありますが、あえて手を貸さない勇気も時には必要です。

手足の筋肉が萎縮して歩行が厳しい母ですが、朝食の目玉焼きを台所から居間へ運ぶ仕事が、母親の務めと思っていて、フラフラしながらも毎日運んでくれます。時にはひっくり返して畳が黄身で汚れる日もありますが、汚れたら拭けばいい、落としても作り直せばいい、手足のリハビリの一環になると思って、そばで見守っています。

介護される親の気持ちを尊重するのはもちろん大切ですが、何より介護する子の心と時間の余白を意識して作ることが大切です。余白がなければ、親への尊重も優しさも生まれません。本書を活用して、心の余白を確保してください。

今日もしれっと、しれっと。

工藤広伸

本書内容に関するお問い合わせについて

このたびは翔泳社の書籍をお買い上げいただき、誠にありがとうございます。弊社では、読者の皆様からのお問い合わせに適切に対応させていただくため、以下のガイドラインへのご協力をお願い致しております。下記項目をお読みいただき、手順に従ってお問い合わせください。

●ご質問される前に

弊社Webサイトの「正誤表」をご参照ください。これまでに判明した正誤や追加情報を掲載しています。

正誤表　　https://www.shoeisha.co.jp/book/errata/

●ご質問方法

弊社Webサイトの「刊行物Q&A」をご利用ください。

刊行物Q&A　https://www.shoeisha.co.jp/book/qa/

インターネットをご利用でない場合は、FAX または郵便にて、下記"愛読者サービスセンター"までお問い合わせください。

電話でのご質問は、お受けしておりません。

●回答について

回答は、ご質問いただいた手段によってご返事申し上げます。ご質問の内容によっては、回答に数日ないしはそれ以上の期間を要する場合があります。

●ご質問に際してのご注意

本書の対象を越えるもの、記述個所を特定されないもの、また読者固有の環境に起因するご質問等にはお答えできませんので、あらかじめご了承ください。

●郵便物送付先およびFAX番号

送付先住所　〒160-0006　東京都新宿区舟町5

FAX番号　03-5362-3818

宛先　（株）翔泳社 愛読者サービスセンター

●免責事項

※本書の内容は2022年11月現在の法令等に基づいて記載しています。

※本書に記載されたURL等は予告なく変更される場合があります。

※本書の出版にあたっては正確な記述に努めましたが、著者および出版社のいずれも、本書の内容に対してなんらかの保証をするものではなく、内容やサンプルに基づくいかなる運用結果に関してもいっさいの責任を負いません。

※本書に記載されている会社名、製品名は、一般に各企業の商標または登録商標です。

●著者紹介

工藤 広伸（介護作家・ブロガー）

1972年岩手県盛岡市生まれ。

2012年、40歳のときに認知症の祖母と母のダブル遠距離介護が始まり、介護離職。その後、介護ブログを立ち上げ独立。新聞やWEBメディアなど執筆活動を中心に、大手企業や全国自治体での講演活動をしながら、現在も介護と仕事の両立を続けている。

岩手でひとり暮らしをしている認知症で難病を抱える母（要介護3）を、東京から通いで10年以上在宅介護を続け、途中子宮頚がんの祖母（要介護3）と悪性リンパ腫の父（要介護5）も介護し看取る。

独自の介護の工夫やノウハウが、NHK「あさイチ」、「ニュース7」、「おはよう日本」など、多数メディアで紹介される。

主な著書に『親が認知症!?離れて暮らす親の介護・見守り・お金のこと』（翔泳社）、『ムリなくできる親の介護』（日本実業出版社）、『医者には書けない！ 認知症介護を後悔しないための54の心得』（廣済堂出版）などがある。

■ブログ「40歳からの遠距離介護」 https://40kaigo.net/

■音声配信voicyパーソナリティ「ちょっと気になる？ 介護のラジオ」
https://voicy.jp/channel/1442

装丁 小口翔平＋須貝美咲（tobufune）
本文デザイン・DTP 株式会社 シンクス

親の見守り・介護をラクにする
道具・アイデア・考えること

2023年 1 月20日 初版第1刷発行

著者 工藤 広伸（くどう・ひろのぶ）
発行人 佐々木 幹夫
発行所 株式会社 翔泳社（https://www.shoeisha.co.jp）
印刷・製本 日経印刷 株式会社

本書へのお問い合わせについては、171ページに記載の内容をお読みください。

ISBN978-4-7981-7666-6 Printed in Japan